Tabla de contenidos

CÓMO UTILIZAR ESTE CUADERNO DE TRABAJO Y RESUMEN

Muchas personas compran resúmenes y cuadernos de trabajo porque los autores suelen hacer un mal trabajo al editar contenido irrelevante. Con *Prospectos de $100M*, éste no es el caso. Está repleto de información valiosa. Sin embargo, algunos prefieren leerlo sin historias que refuercen los puntos principales y con menos ejemplos. Así que en este resumen he hecho cinco cosas diferentes con respecto al libro original:

1) *Eliminé* las historias (si te gustan las historias, lee el libro principal)

2) *Eliminé* la mayoría de los ejemplos (si quieres más ejemplos, lee el libro principal)

3) *Eliminé* la mayoría de las transiciones e introducciones

4) *Eliminé* las explicaciones sobre los mecanismos de la publicidad

5) Reemplacé los "pasos de acción" por ejercicios.

El resultado es un resumen con ejercicios que reduce el número de palabras del libro original en aproximadamente dos tercios. El *libro principal -Prospectos de $100M-* se lee en unas cuatro horas. Este resumen y cuaderno de trabajo debería llevarte alrededor de un tercio de este tiempo (60-90 minutos). Si lo disfrutas, te recomiendo encarecidamente que leas el libro principal.

Si ya has leído el libro, utilízalo como repaso y céntrate en los ejercicios.

Si no has leído el libro principal, obtendrás lo que necesitas para poner en práctica los conceptos clave en tu negocio.

Úsalo. Hazte rico. Disfrútalo. - Alex

PARTE I: EMPIEZA AQUÍ

"Es difícil ser pobre con clientes llamando a tu puerta"
— Jingle de la familia Hormozi

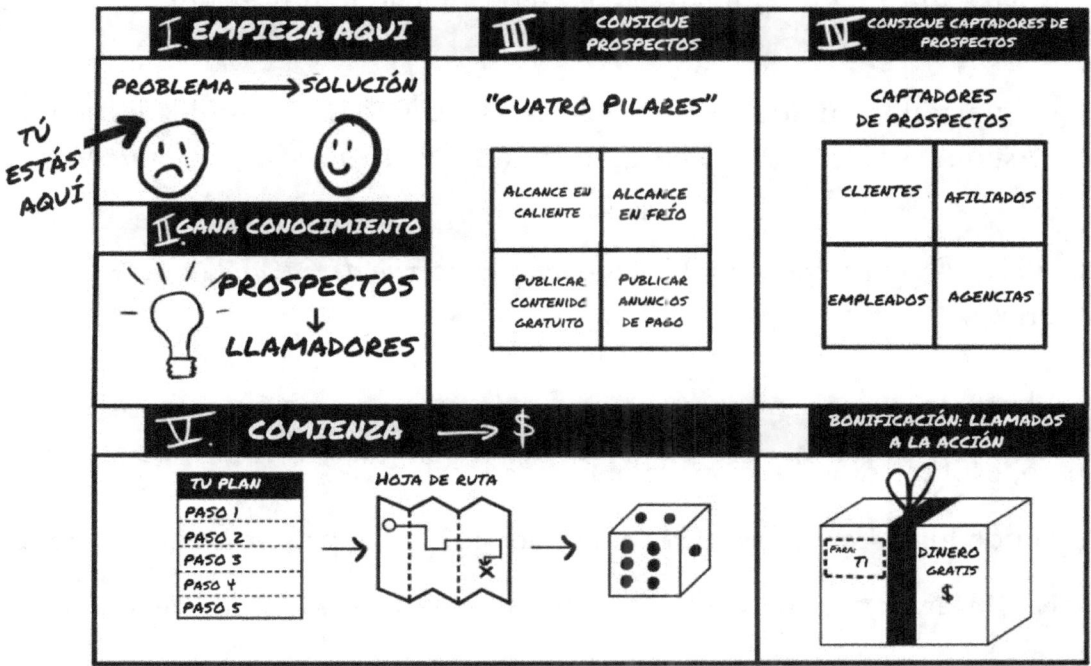

Debes vender algo para ganar dinero. Parece bastante sencillo, pero todo el mundo intenta saltarse la parte de "ganar dinero". Y no funciona. Yo lo intenté. Necesitas *todas* las piezas. Necesitas cosas que vender: una oferta. Necesitas personas a las que vendérselo: prospectos (potenciales clientes). Luego tienes que conseguir que esas personas lo compren: ventas. Una vez puestas todas esas piezas en su lugar, *entonces* podrás ganar dinero.

Mi primer libro, *Ofertas de $100M,* cubre el primer paso y te da la *solución*. Responde a la vieja pregunta *"¿Qué debo vender?"*. La respuesta: una oferta tan buena que la gente sienta que es estúpida si dice que no. Pero los desconocidos sólo pueden comprar tus productos si saben que existes. Para ello se necesitan prospectos. "Prospectos" significa muchas cosas diferentes para las diferentes personas. Pero la mayoría coincide en que son el primer paso para conseguir más clientes. En términos más sencillos, son personas que tienen un problema a resolver y dinero para gastar.

Si estás leyendo este libro, ya sabes que los prospectos no aparecen por arte de magia. Tienes que salir a buscarlos. Más concretamente, ¡tienes que ayudarlos a encontrarte para que puedan comprar lo que vendes! Y lo mejor es que no tienes que esperar... puedes forzarlos a que te encuentren. Lo consigues a través de la publicidad.

La publicidad, *el proceso de darte a conocer*, permite que los desconocidos conozcan lo que vendes. Si más gente conoce lo que vendes, entonces vendes más. Si vendes más, ganarás más dinero. *Tener muchos prospectos hace que sea difícil ser pobre.*

La publicidad te permite tener un producto terrible... y aun así ganar dinero. Te permite ser terrible en ventas... y aun así ganar dinero. Te permite cometer un montón de errores y *aun así - ganar - dinero*. En resumen, tener esta habilidad te brinda infinitas oportunidades de *hacerlo bien*.

Y en el implacable mundo de los negocios, las segundas oportunidades son difíciles de conseguir. Así que más vale que lo hagas en grande. *La publicidad es una habilidad que vale la pena tener.*

Y este libro, *Prospectos de $100M: Resumen y cuaderno de trabajo*, te muestra *exactamente* cómo hacerlo.

Aquí está el cómo:

Primero, explica cómo funciona la publicidad.

En segundo lugar, revela los cuatro pilares básicos para conseguir clientes potenciales.

En tercer lugar, te muestra cómo conseguir que otras personas lo hagan por ti.

Y por último, concluye con un plan de publicidad de una sola página que puedes utilizar para hacer crecer tu negocio *hoy mismo*.

¿Por qué deberías escucharme?

Hago publicidad en diversos sectores a través de mi empresa de holding Acquisition. com. Nuestra cartera incluye empresas de software, comercio electrónico, servicios empresariales, servicios al consumidor, cadenas de tiendas tradicionales, productos digitales y muchos otros. En conjunto, estas empresas generan más de 250 millones de dólares de ingresos anuales. Y lo hacen consiguiendo más de 20.000 prospectos al día vendiéndoles ofertas a partir de $1 y hasta más de $1.000.000.

En el ámbito personal, tengo un rendimiento promedio en la publicidad de 36:1 a lo largo de mi vida. Eso significa que por cada $1 que gasto en publicidad, recupero $36. Un rendimiento del 3600%. Algunas personas construyeron su riqueza invirtiendo en el mercado de valores. Otros en el sector inmobiliario. Yo construí la mía *en base a la publicidad*.

Prospectos de $100M: Resumen y cuaderno de trabajo trata sobre cómo conseguir que extraños *muestren interés* por lo que vendes. Y una vez que te transfiera esa habilidad, será tu turno para usarla.

Dicho esto... ¡hagámonos ricos, ¿de acuerdo?!

Consejo profesional: Aprende más rápido y profundo leyendo y escuchando al mismo tiempo

Este es un truco de vida que descubrí hace mucho tiempo... Si escuchas un audiolibro y lees el libro físico o el ebook al mismo tiempo, leerás más rápido y retendrás más información. Almacenas el contenido en más lugares de tu cerebro. Es genial. Así es **como** yo leo la mayoría de los libros que valen la pena.

También hago las dos cosas porque me cuesta mantener la concentración. Si escucho el audio mientras leo, evito desconcentrarme. Tardé dos días en grabar este libro en voz alta. Lo hice para que, si te cuesta tanto como a mí, ya no tengas que luchar para concentrarte.

Si quieres probarlo, consigue la versión en audio y compruébalo por ti mismo. Hago que mis libros sean tan baratos como me lo permiten las plataformas, así que no es una estrategia para ganar algo de dinero extra, lo prometo. Espero que lo encuentres tan valioso como yo.

Se me ocurrió poner este "truco" al principio del libro para que tuvieras la oportunidad de probarlo si el primer capítulo te parecía lo suficientemente valioso como para ganarme tu atención.

Consejo profesional: Truco para terminar de leer los libros

Personalmente, me distraigo con facilidad. Así que necesito pequeños trucos para mantener mi atención. Éste me ayuda mucho: <u>termina los capítulos. No te detengas en la mitad</u>. Terminar un capítulo te da un refuerzo positivo. Te mantiene en marcha. Así que, si te encuentras con un capítulo difícil, termínalo para poder empezar de cero con el siguiente.

El problema que resuelve este libro

"Prospectos, muchos prospectos".

Tienes un problema: *no hay suficientes personas que conozcan lo que vendes. Así que necesitas anunciarte más y mejor.*

Cómo lo resuelve este libro:

Prospectos de $100M: Resumen y cuaderno de trabajo se enfoca en conseguir más clientes. Conseguirás más clientes si consigues:

1) Más prospectos

2) Mejores prospectos

3) Prospectos más baratos

4) Fiabilidad (piensa en "de muchos lugares diferentes").

En resumen: Si el resto de factores se mantienen invariables… <u>cuando duplicas tus clientes potenciales, duplicas tu negocio.</u>

En pocas palabras: te mostraré cómo conseguir que los desconocidos *quieran* comprar lo que vendes.

Esquema básico de este libro

Este libro parte de cero clientes, cero prospectos, cero publicidad, cero dinero y cero habilidades (Parte II) para llegar al máximo de clientes, máximo de prospectos, máximo de publicidad, máximo de dinero y máximo de habilidades (Parte IV). Por lo tanto, comenzaremos desde conseguir tu primer prospecto hasta construir una máquina de más de $100.000.000 en prospectos. Aquí está el desglose:

<u>Parte I</u>: *Estás a punto de terminar de leerla ahora mismo.*

<u>Parte II</u>: Revelo lo que hace que la publicidad *realmente* funcione.

<u>Parte III</u>: Aprenderemos los "cuatro pilares" de la publicidad. Sólo hay cuatro maneras de conseguir clientes potenciales. Así que si hay una parte importante en este libro sobre "cómo hacerlo", es ésta.

<u>Parte IV</u>: Aprenderás a conseguir que otras personas (clientes, empleados, agencias y afiliados) lo hagan todo por ti. Y esto completa el ensamblaje de tu máquina de *Prospectos de $100M* completamente funcional.

<u>Parte V</u>: Concluiremos con un <u>plan publicitario de una sola página, que podrás utilizar para conseguir más clientes potenciales hoy mismo.</u>

PARTE II:
GANA CONOCIMIENTO

La publicidad. Simplificada.

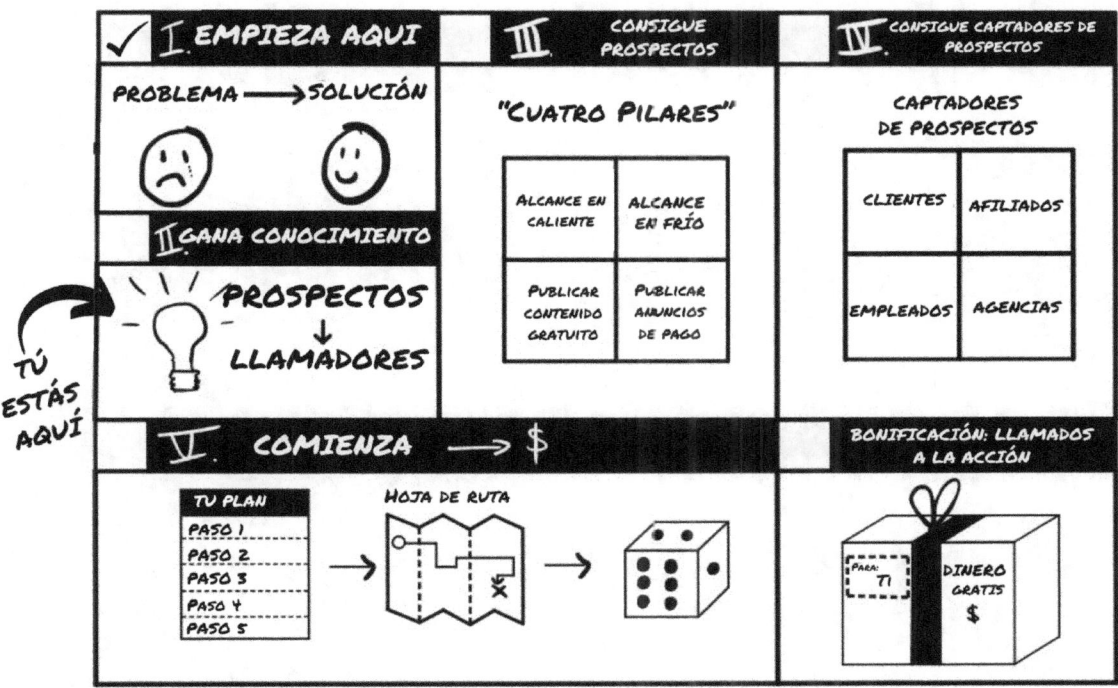

En esta sección, abordaremos tres aspectos para asegurarnos de que la publicidad haga exactamente lo que queremos que haga.

En primer lugar, hablaremos de lo que es realmente un prospecto. Si queremos más de ellos, será mejor que estemos bien seguros de que estamos hablando de lo mismo.

En segundo lugar, aprendemos a separar los prospectos que te hacen ganar dinero de los que te hacen perder el tiempo.

En tercer lugar, te mostraré las mejores maneras que conozco para conseguir que los prospectos que te generan dinero *muestren interés en lo que vendes*.

Vayamos al grano.

Los prospectos por sí solos no bastan

"Si no puedes explicar algo en términos sencillos, es que no lo entiendes".
– Dr. Richard Feynman, Premio Nobel de Física

¿Qué es un prospecto?

Un **prospecto** es una ***persona a la que puedes contactar***.

Por ejemplo: si compras una lista de correos electrónicos, esos son prospectos. Si obtienes información de contacto de un sitio web o una base de datos, son prospectos. Los números de teléfono que tienes, son prospectos. La gente de la calle son prospectos. *Si puedes contactarlos, son prospectos.*

Los prospectos por sí solos no bastan...

Pero me di cuenta de que *los prospectos por sí solos no son suficientes*. Queremos **prospectos** comprometidos: *personas que *demuestren* interés por lo que vendes*. Si alguien *da* su información de contacto en un sitio web, es un cliente potencial comprometido. Si alguien *te sigue* en las redes sociales y puedes ponerte en contacto con él, se trata de un prospecto comprometido. Las personas que responden a tu campaña de correo electrónico, son prospectos comprometidos. Los prospectos *que muestran interés* son los que realmente importan.

Los prospectos comprometidos son el verdadero resultado de la publicidad.

Conseguir más *prospectos comprometidos* es el objetivo de este libro. Así que la siguiente pregunta es: ¿Cómo *conseguimos que los prospectos se comprometan?*

Compromete a tus prospectos: Ofertas e imanes de prospectos

"Yo no consumo drogas. Yo soy la droga" — Salvador Dalí

Los imanes de prospectos consiguen que éstos se comprometan

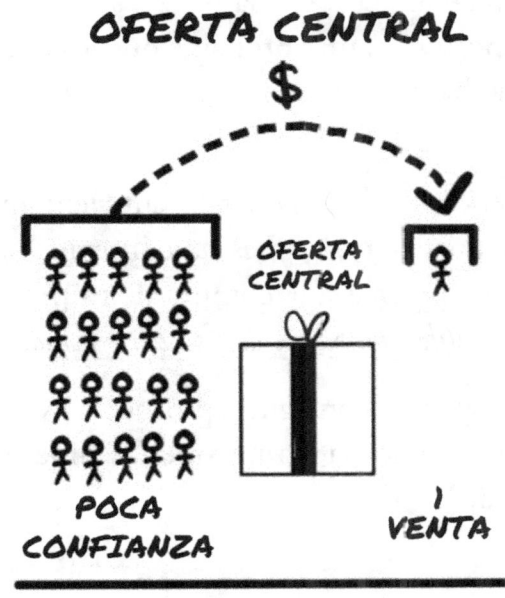

Las ofertas son lo que uno promete dar a cambio de algo de valor. A menudo, una empresa promete dar su producto o servicio a cambio de dinero. Esto es una *oferta central*. Si anuncias tu oferta central, irás directamente a la venta, el camino directo al dinero. Anunciar tu oferta principal puede ser todo lo que necesitas para conseguir que los prospectos se comprometan. Prueba este enfoque primero.

Qué hacer si la publicidad de tu oferta central no funciona inmediatamente...

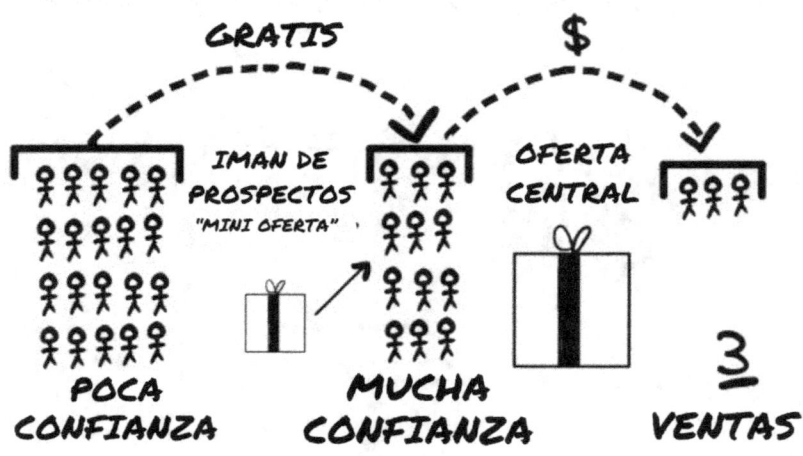

Si vendes cosas caras o la gente necesita más información para comprar, entonces conseguirás más clientes potenciales que se comprometan anunciándote primero con un imán de prospectos. Un **imán de prospectos** es una solución completa a un problema concreto. Suele ser una oferta gratuita o de bajo costo para ver quién está interesado en tu producto. Y, una vez resuelto el problema concreto, revela otro *problema que se soluciona con tu oferta principal*. Esto es importante porque es más probable que los clientes potenciales interesados ahora en ofertas gratuitas o de bajo costo, compren una oferta relacionada de mayor costo *más adelante*.

Tu imán de clientes potenciales debería ser lo suficientemente valioso por sí mismo como para que *puedas* cobrar por él. Y, después de conseguirlo, deberían querer *más* de lo que ofreces. Esto los acerca un paso más a la compra de tu producto. *Una persona que paga con su tiempo ahora, es más probable que pague con su dinero más adelante.*

Los buenos imanes de prospectos consiguen prospectos y clientes más comprometidos que una oferta básica por sí sola, y lo hacen por menos dinero. Así que vamos a crear un imán de prospectos, ¿de acuerdo?

Consejo profesional: Incluso las cosas gratis tienen un costo

Las personas te darán su tiempo antes que su dinero. Pero el tiempo sigue siendo un costo. Si consideran que tu imán de prospectos no vale su tiempo, pensarán que *está sobrevalorado*. Y, gratis o no, no volverán a comprarte.

Así que míralo de esta manera: si *creen que tu imán de prospectos* **vale** *su tiempo, pensarán que tu oferta principal vale su dinero.*

Siete pasos para crear un imán de prospectos eficaz

Paso 1: Identifica el problema que quieres resolver y a quién se lo debes resolver.

Paso 2: Averigua cómo resolverlo

Paso 3: Piensa cómo proporcionarás la solución

Paso 4: Prueba cómo llamarlo

Paso 5: Haz que sea fácil de acceder

Paso 6: Que sea condenadamente bueno

Paso 7: Haz que sea fácil que te digan que quieren más

Paso 1: Identifica el problema que quieres resolver y a quién se lo debes resolver

El primer paso es elegir el problema a resolver. Yo utilizo un modelo sencillo para identificarlo. Lo llamo el ciclo Problema-Solución. Puedes verlo a continuación.

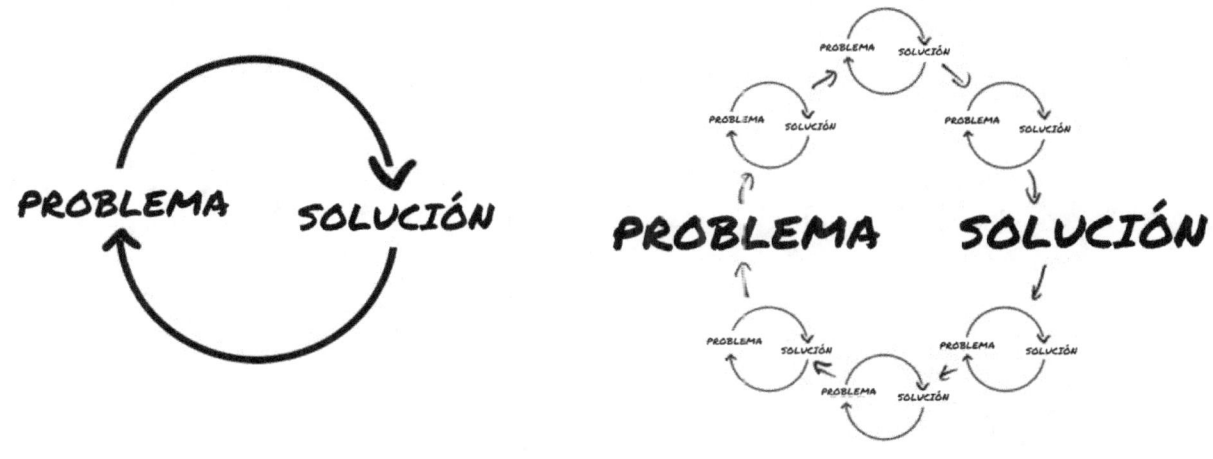

Cada problema tiene una solución. Cada solución revela más problemas. Empezamos por elegir un problema acotado *y* significativo. Después, lo resolvemos. Y, como acabamos de aprender, cuando resolvemos un problema, se revela uno nuevo. Aquí viene la parte importante: *si podemos resolver ese nuevo problema con nuestra oferta central, tenemos un ganador.* Esto se debe a que resolvemos este nuevo problema *a cambio de dinero.* Eso es todo. No le des más vueltas.

Ejercicio n° 1: Elige el problema concreto que quieres resolver.

Luego, asegúrate de que tu oferta principal pueda resolver el siguiente problema que surja. Rellena los espacios en blanco que figuran a continuación.

Problema concreto que solucionaré: Ayudaré a _____
resolver su _____ problema.
Revelando su _____ problema,
que resuelve mi oferta central.

Paso 2: Averiguar cómo resolverlo

Hay tres tipos de imanes de prospectos y cada uno ofrece un tipo de solución diferente.

En primer lugar, si tu audiencia tiene un problema que desconoce, tu imán de prospectos se lo hará saber. En segundo lugar, podrías resolver un problema recurrente durante un breve periodo de tiempo con una muestra o prueba de tu oferta principal. En tercer lugar, puedes ofrecerles un paso en un proceso de varios pasos que resuelva un problema mayor. Los tres resuelven un problema y revelan otros. Así que tus tres tipos son: 1) Revelar el problema, 2) Muestras y pruebas, y 3) Un paso de un proceso de varios pasos.

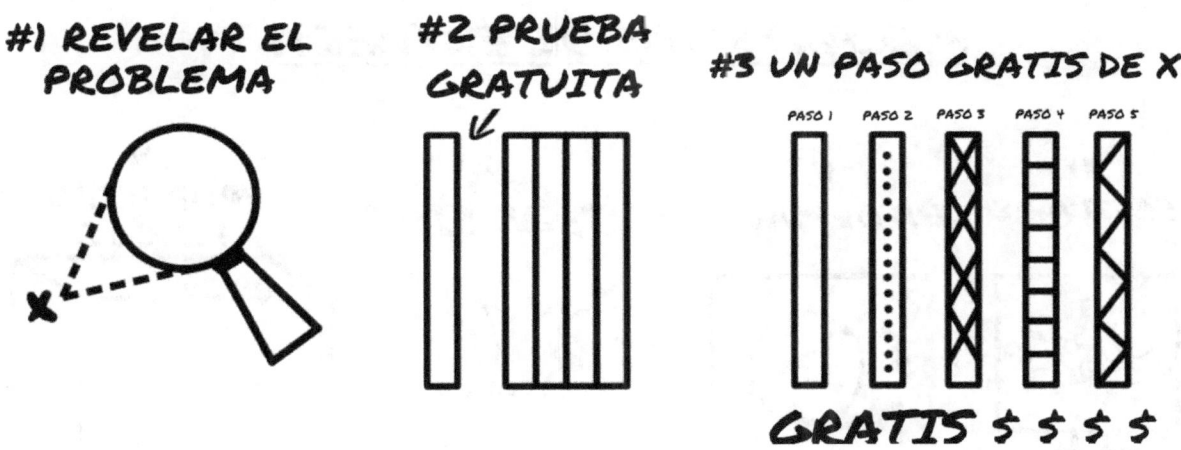

1) **Revelar su problema**. Piensa en un "diagnóstico". Estos imanes de prospectos funcionan muy bien cuando revelan problemas <u>que empeoran cuanto más tiempo dejas pasar</u>. <u>Ejemplo</u>: ejecutas una prueba de velocidad gratuita en su sitio web y demuestras que debido a la falta de velocidad están perdiendo dinero cada día que no solucionan el problema.

2) **Muestras y pruebas**. Ofreces acceso completo pero breve a tu oferta principal. Puedes limitar el número de usos, el tiempo de acceso o ambos. Esto funciona muy bien cuando tu oferta principal es una solución recurrente a un problema recurrente. Ejemplo: 14 días de mejora de la velocidad para que vean cuántos clientes más consiguen.

3) **Un paso de un proceso de varios pasos**. Cuando tu oferta principal consta de varios pasos, puedes dar un paso valioso gratis y el resto cuando compren. Esto funciona muy bien cuando tu oferta principal resuelve un problema más complejo. <u>Ejemplo</u>: Este libro. Te ayuda a escalar. Entonces, una vez que escalas, enfrentas nuevos problemas que convertirte en una empresa de cartera te ayuda a resolver.

Ejercicio n° 2: Elige cómo quieres resolver un problema concreto con precisión. Con...

☐ Una evaluación
☐ Una muestra o prueba
☐ Un solo paso en un proceso de varios pasos.

Paso 3: Determina cómo entregarlo

MECANISMOS DE ENTREGA

#1 SOFTWARE   **#2 INFORMACIÓN**   **#3 SERVICIOS**   **#4 PRODUCTOS FISICOS**

Mis imanes de prospectos favoritos resuelven los problemas con: software, información, servicios y productos físicos.

1) <u>Software</u>: *les ofreces una herramienta*. Si tienes una hoja de cálculo, una calculadora o un pequeño programa informático, tu tecnología hará el trabajo para ellos.

2) <u>Información</u>: *les enseñas algo*. Cursos, lecciones, entrevistas con expertos, presentaciones magistrales, eventos en directo, errores y fallos, trucos/consejos, etc. Cualquier cosa de la que puedan <u>aprender</u>.

3) <u>Servicios</u>: *realizas un trabajo gratis*. Corriges su postura. Realizas una auditoría de su sitio web. Aplicas la primera capa de sellador de portones de garaje. Transformas su video en un libro electrónico, etc.

4) <u>Productos físicos</u>: *Les das algo que puedan tener en las manos*. Una tabla de evaluación de postura, un suplemento, un bote pequeño de sellador de puertas de garaje, guantes de boxeo para conseguir prospectos de gimnasios de boxeo, etc.

Ejercicio n° 3: Escribe una versión de tu imán de prospectos para cada método de entrega y elige.

☐ Versión del software: _____

☐ Versión de información: _____

☐ Versión del servicio: _____

☐ Versión del producto físico: _____

Paso 4: Prueba qué nombre ponerle

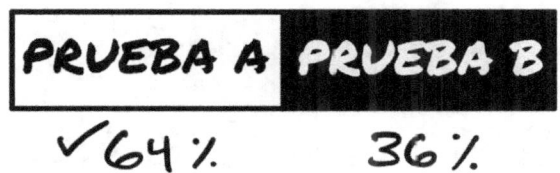

Cinco veces más personas leen tu titular que cualquier otra parte de tu promoción. Los clientes potenciales tienen que fijarse en tu imán de prospectos *antes* de poder consumirlo. Esto significa que la forma en que lo presentamos importa más que cualquier otra cosa. Esto es lo que debes hacer a continuación: prueba.

Las tres cosas que querrás probar son el titular, la(s) imagen(es) y el subtítulo, en ese orden. El titular es lo más importante. Así que si sólo quieres probar una cosa, prueba esta. Por ejemplo, no tenía ni idea de cómo titular este libro. Así que esto es lo que hice para averiguar qué nombre funcionaría mejor: **probé**. Es posible que los resultados te sorprendan tanto como a mí.

Pruebas de titulares

Prueba I: Publicidad ✔ vs Promoción

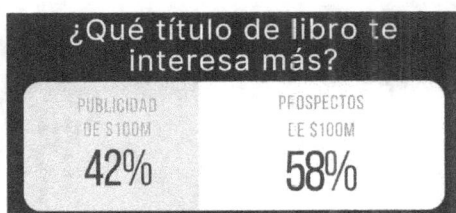

Prueba II: Publicidad vs Prospectos ✔

Prueba III: Marketing vs Prospectos ✔

Prueba de imágenes

✔ Real vs. Caricatura

Subtítulos

Prueba I:

Prueba II:

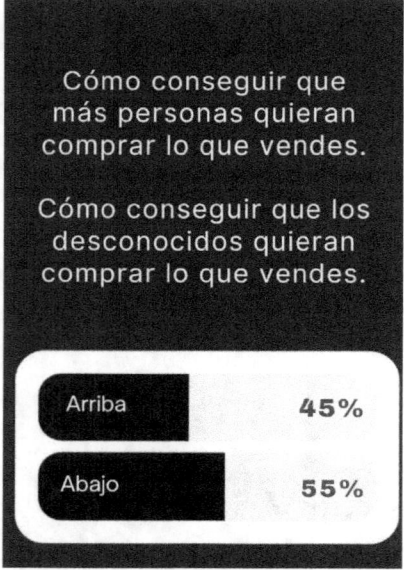

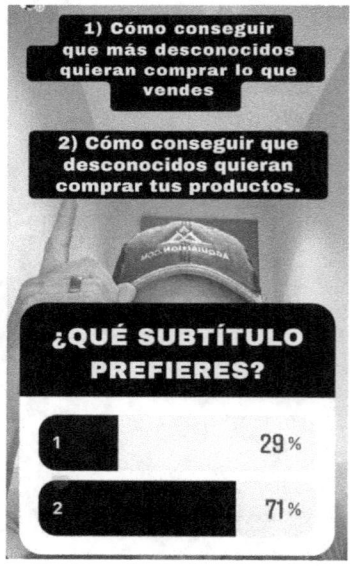

"Cómo conseguir que más personas quieran comprar lo que vendes"

"Cómo conseguir que desconocidos quieran comprar lo que vendes" ✔

Cómo conseguir que más desconocidos quieran comprar lo que vendes"

"Cómo conseguir que desconocidos quieran comprar lo que vendes" ✔

Prueba III:

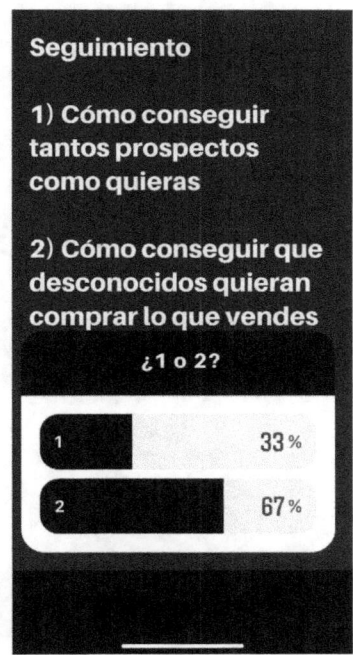

"Cómo conseguir tantos prospectos como quieras"

"Cómo conseguir que desconocidos quieran comprar lo que vendes" ✔

Prueba IV:

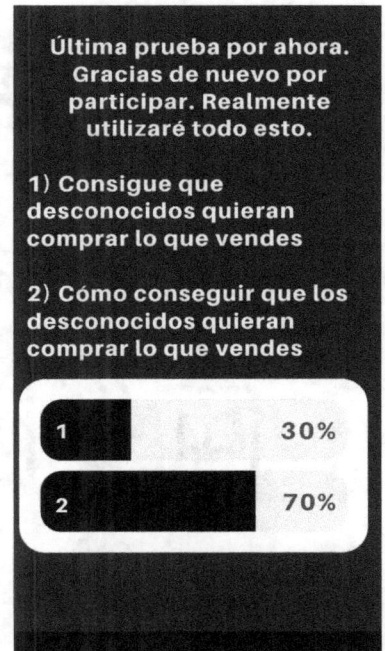

"Consigue que desconocidos quieran comprar lo que vendes"

"Cómo conseguir que los desconocidos quieran comprar lo que vendes" ✔

Ejercicio n° 4: Piensa en 3-4 nombres para tu imán de prospectos. Luego, ponlos a prueba.

☐ Si tienes algún tipo de audiencia, haz una encuesta similar a los ejemplos.

☐ Si no puedes hacerlo, crea un post en las plataformas y pide a la gente que responda con "1" o "2", luego cuenta los votos de cada uno.

☐ Si no puedes hacerlo, entonces manda un mensaje a tus contactos y pregúntales: ¿A o B?

Paso 5: Facilítales su consumo

Las personas prefieren hacer cosas que requieran menos esfuerzo. Así que debemos facilitar el consumo de nuestro imán de prospectos. **Aquí te muestro cómo puedes facilitar cada mecanismo de entrega:**

1) <u>Software</u>: Quieres que sea accesible en sus teléfonos, en una computadora y en múltiples formatos. Así, elegirán el que les resulte más fácil.

2) <u>Información</u>: A la gente le gusta consumir cosas de distintas maneras. A algunos les gusta ver, a otros leer, a otros escuchar, etc. Ofrece tu solución en tantos formatos diferentes como puedas: imagen, video, texto, audio, etc. Ofrécelos todos.

3) <u>Servicios</u>: Deberás estar disponible en más momentos y de más formas. Más horas del día. Más días a la semana. Por videollamada, llamada telefónica, en persona, etc. Cuanto más fácil sea ponerse en contacto contigo, más probabilidades habrá de que se conviertan en clientes potenciales comprometidos.

4) <u>Productos físicos</u>: Haz que el pedido sea muy sencillo y rápido de conseguir. Haz que el producto en sí sea rápido y fácil de abrir. Da instrucciones sencillas sobre cómo utilizar el producto.

Ejercicio n° 5: Basándote en el método de entrega del Ejercicio n° 3 y en la información anterior, haz que tu imán de prospectos sea lo más fácil posible de consumir para que más clientes potenciales lo hagan.

Paso 6: Hazlo condenadamente bueno:

Regala los secretos, vende la implementación

El mercado juzga todo lo que ofreces, *gratis o no*. Y nunca estarás proporcionando demasiado valor. Pero *podrías* ofrecer muy poco. Así que querrás que tu imán de prospectos aporte tanto valor que la gente se sienta obligada a pagarte. El objetivo es proporcionar más valor que el costo de tu oferta principal *antes de que la compren*.

No tengas miedo de dar demasiado valor. Ten miedo de dar muy poco y que la gente se entere.

Ejercicio nº 6: Escribe el costo de tu oferta principal: $_____.

Asegúrate de que tu imán de prospectos les aporte más valor percibido que esa cantidad.

Paso 7: Facilítales que te digan que quieren más

Una vez que los clientes potenciales consuman tu imán de prospectos, algunos de ellos estarán listos para comprar o saber más sobre tu oferta. Éste es el momento de hacer una llamada a la acción. Una **llamada a la acción (CTA,** por sus siglas en inglés Call To Action*) indica a la audiencia qué hacer a continuación.* Las buenas CTA tienen dos cosas: 1) qué hacer y 2) razones para hacerlo *ahora mismo*.

Qué hacer: Las CTA indican al público que llame al número, haga clic en el botón, proporcione información, concierte una llamada, etc. Hay demasiadas opciones para enumerarlas. Basta con que sepas que las CTA indican al público cómo convertirse en clientes potenciales comprometidos. Las buenas CTA tienen un lenguaje claro, sencillo y directo. No "*no te demores*", sino "*llama ahora*".

Razones para hacerlo ahora mismo: Si das a la gente una razón para pasar a la acción, más gente lo hará. Pero hay que tener en cuenta un par de cosas: en primer lugar, las buenas razones funcionan mejor que las malas. Y segundo, cualquier razón (incluso las malas) suele funcionar mejor que ninguna. Por eso, para conseguir que más gente pase a la acción, incluyo tantas razones efectivas como puedo. Éstas son mis razones favoritas para actuar de inmediato:

a) **Escasez.** La escasez se da *cuando hay una cantidad limitada de algo.*

b) **Urgencia.** La urgencia se da *cuando la gente actúa más rápido porque dispone de poco tiempo.* Puedes tener unidades ilimitadas para vender, pero digamos que dejarás de venderlas en una hora... *a propósito.* Cuanto menos tiempo tenga la gente, más rápido (más urgente) tiende a actuar. Así que, si acortas el tiempo en el que pueden actuar sobre tu CTA, conseguirás que *más* de ellos actúen *más rápido.* También puedes utilizar la misma urgencia con descuentos o bonificaciones que desaparezcan al cabo de X minutos u horas. Pasado ese tiempo, la oferta no volverá a estar disponible.

c) **Planificador de fiestas de fraternidades (mi favorito) - Invéntate un motivo.** Las fraternidades no necesitan una razón para celebrar una fiesta, siempre se inventan alguna excusa. "A John le han sacado las muelas del juicio... ¡fiesta!" "¡Lunes de margaritas!" "¡Martes de toga!" "¡Jueves sediento!", etc. Tu razón ni siquiera tiene que tener sentido, *y aun así* conseguirá que más gente actúe.

Ejercicio n° 7: Añade funciones a tu imán de prospectos para crear una CTA convincente.

CTA sencilla y clara: _____

Razón para hacerlo ahora (urgencia y/o escasez): _____

_____

Para empezar, ¿por qué deberías usar un imán de clientes potenciales?

Aunque la entrega de tu imán de prospectos cueste dinero, debería *reducir* el costo de conseguir un nuevo cliente. Esto se debe a que más prospectos comprometidos significan más oportunidades de conseguir clientes. Y los clientes adicionales cubren *con creces* tus costos. De eso se trata.

Si antes conseguías que 5 personas compraran directamente, ahora puedes crear 100 clientes potenciales por el mismo costo y conseguir que el diez por ciento de ellos compren. Esto significa que duplicas tus ventas *añadiendo* un imán de prospectos a tu publicidad.

Pasos de acción:

Paso 0: Si te cuesta conseguir clientes potenciales, crea un imán de prospectos que sea <u>increíble</u>.

Paso 1: Identifica el problema que quieres resolver para el cliente adecuado

Paso 2: Determina cómo quieres resolverlo

Paso 3: Piensa cómo entregarlo

Paso 4: Ponle un nombre interesante y claro

Paso 5: Haz que sea fácil de consumir

Paso 6: Asegúrate de que sea condenadamente bueno

Paso 7: Diles qué hacer a continuación, por qué es una buena idea, hazlo con claridad y con frecuencia

Ejercicio n° 8: Combina las respuestas de los Ejercicios 1-7. Ahora ya tienes tu imán de prospectos.

Parte II: Conclusión

Mi objetivo con este libro de ejercicios es desmitificar el proceso de captación de prospectos. En el primer capítulo, explicamos por qué los prospectos por sí solos no son suficientes: necesitas *prospectos comprometidos*. En el segundo capítulo, explicamos cómo hacer que los prospectos se comprometan: *un imán de prospectos y una oferta valiosos*. Y un buen imán de prospectos hace cuatro cosas:

1) Atrae a los clientes ideales cuando lo ven.

2) Consigue que se comprometa más gente que tu oferta principal por sí sola

3) Es lo suficientemente valioso como para que lo consuman.

4) Aumenta las probabilidades de que las personas adecuadas compren

Así, más personas muestran interés por nuestro producto. Ganamos más dinero con ellos. Y ofrecemos más valor que nunca, todo al mismo tiempo.

A continuación:

Nos hemos armado con un poderoso imán de prospectos. Ahora, te mostraré las cuatro formas en que podemos anunciarlo. En otras palabras, ahora que tenemos "el producto", tenemos que contárselo a la gente. Consigamos algunos prospectos.

UN REGALO PARA TI: Tutorial adicional sobre cómo crear el imán de prospectos definitivo

Si deseas obtener una visión más profunda de cómo crear imanes de prospectos increíblemente buenos, visita Acquisition.com/training/leads. Es gratuito y está a disposición del público. Como te prometí, mi objetivo es ganarme tu confianza. Y la confianza se construye ladrillo a ladrillo. Permite que esta formación sea el primero de muchos ladrillos. Disfrútalo. También puedes escanear el código QR de abajo si no te gusta teclear.

PARTE III:
CONSIGUE PROSPECTOS

Los cuatro pilares básicos de la publicidad.

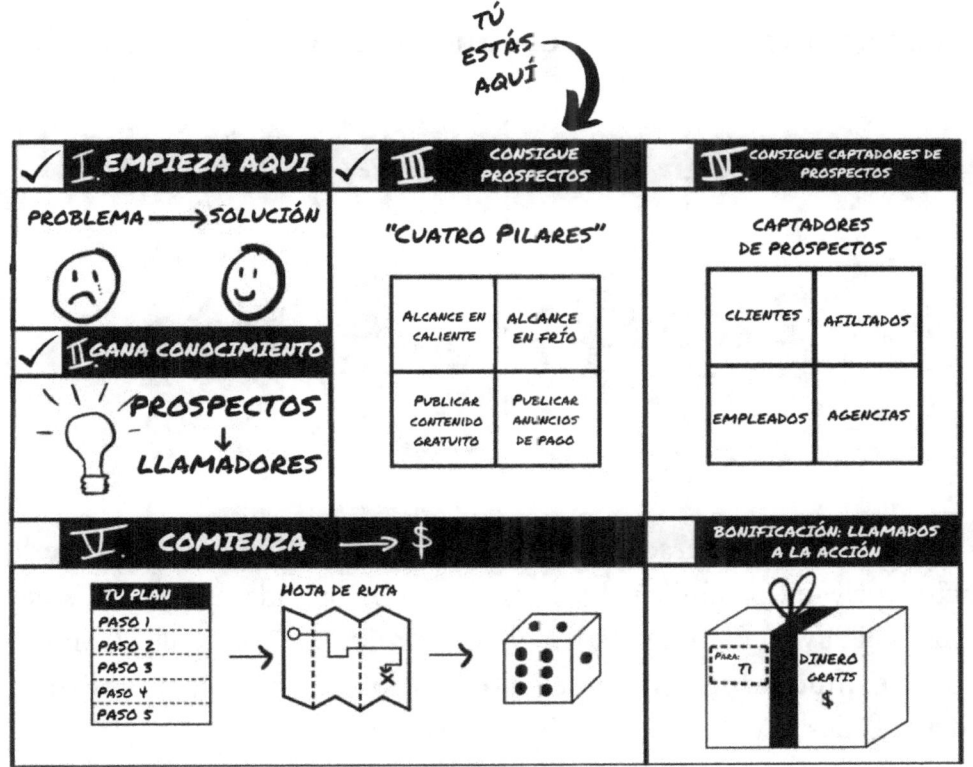

Conseguimos clientes potenciales comprometidos dando a conocer nuestro producto. Y hay dos tipos de personas a las que se lo damos a conocer: las que nos conocen y las que no. Y hay dos formas de dárselo a conocer: de uno a uno y de uno a muchos. Éstas se combinan en las cuatro formas básicas en que una persona puede informar a otras de cualquier cosa. Veamos cómo podemos utilizar esas cuatro formas para conseguir prospectos.

Dos tipos de audiencia: Caliente y Fría

Las audiencias calientes son *personas que te han dado permiso para ponerte en contacto con ellas.* Piensa en "gente que te conoce", es decir, amigos, familiares, seguidores, clientes actuales, clientes anteriores, contactos, etc.

Las audiencias o públicos fríos son *personas que no te han dado permiso para ponerte en contacto con ellas.* Piensa en los "desconocidos", es decir, en los públicos de otras personas: comprando listas de contactos, confeccionando listas de contactos, pagando a plataformas por el acceso, etc.

La diferencia importa porque cambia *la forma* de dirigirnos a ellos.

Dos formas de comunicación: Uno a uno (privado), uno a muchos (público)

Podemos contactar con personas 1 a 1 o 1 a muchos. Otra forma de verlo es mediante la comunicación privada o pública. La comunicación privada es cuando sólo una persona recibe un mensaje a la vez. Piensa en "llamada telefónica" o "correo electrónico". Si anuncias algo públicamente, muchas personas pueden recibirlo al mismo tiempo. Piensa en "publicaciones en redes sociales", "carteles publicitarios" o "podcasts".

Esquema de la Parte III: Conseguir prospectos

CUATRO PILARES BÁSICOS

	PERSONAS QUE TE CONOCEN	PERSONAS QUE NO TE CONOCEN
1 A 1 PRIVADO	CAPTACIÓN EN CALIENTE	CAPTACIÓN EN FRÍO
1 A ∞ PÚBLICO	PUBLICAR CONTENIDO GRATIS	LANZAR AVISOS PAGOS

Combinar las audiencias cálidas y frías con el 1 a 1 y el 1 a muchos nos lleva a las únicas cuatro formas en que podemos dar a conocer algo: los cuatro pilares básicos. A continuación los he combinado para ti.

- 1-a-1 a una audiencia cálida = Alcance caliente

- 1-a-muchos a una audiencia cálida = Publicación de contenido

- 1-a-1 a una audiencia fría = Alcance frío

- 1-a-muchos a una audiencia fría = Anuncios pagos

Éstas son las cuatro únicas cosas que puedes <u>hacer</u> para que otras personas conozcan lo que vendes. Así que si no estás consiguiendo tantos clientes potenciales como quisieras, es que no estás aplicando los cuatro pilares básicos con suficiente habilidad o con suficiente intensidad.

UN REGALO PARA TI: Capacitación adicional - El marco de los cuatro pilares básicos

Realicé una capacitación en vivo donde explico las más de 50 iteraciones que crearon este simple cuadro de 2 x 2. Explico cómo utilizar el marco de los cuatro pilares básicos para conseguir el mayor número posible de clientes potenciales y establecer objetivos dentro de tu empresa. Si lo quieres, puedes conseguirlo gratis aquí: Acquisition.com/training/leads. También puedes escanear el código QR de abajo si no te gusta teclear.

---

1. Captación en caliente

Cómo llegar a tus conocidos

"El mundo pertenece a aquellos que pueden seguir haciendo sin ver el resultado de su hacer".

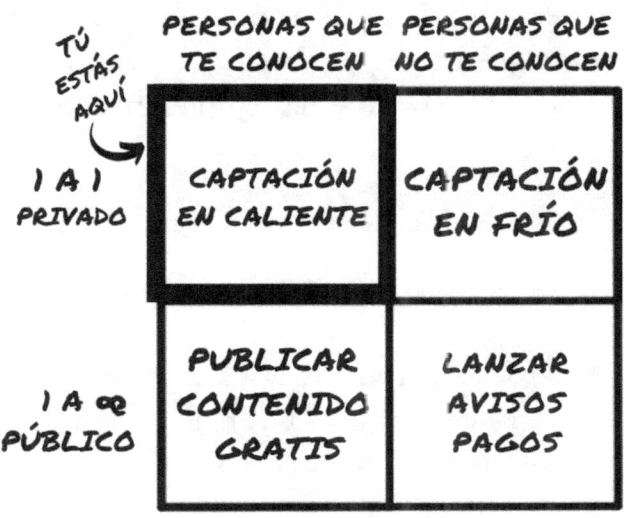

CUATRO PILARES BÁSICOS

Cómo funciona la captación en caliente

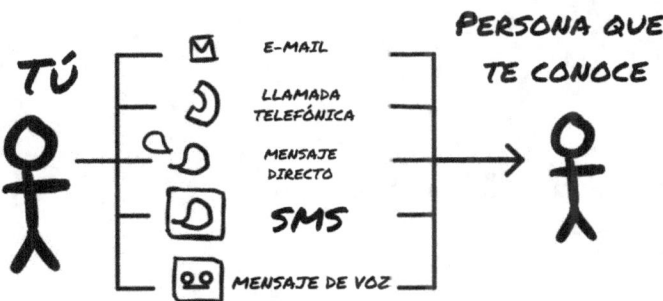

CAPTACIÓN EN CALIENTE

Los contactos en caliente son aquellos en los que se establece contacto uno a uno con tu público caliente, es decir, las personas que te conocen. Es la forma más barata y sencilla de encontrar interesados en lo que vendes. Además, todo el mundo tiene un público caliente, aunque no lo sepa. Todo el mundo conoce a alguien. Así que tus contactos personales son el lugar más fácil para empezar.

Los contactos calientes suelen adoptar la forma de llamadas, mensajes de texto, correos electrónicos, mensajes directos, mensajes de voz, etc. Les haces saber acerca de tu imán de prospectos (algo gratuito y valioso), o les informas sobre tu oferta principal (lo que vendes realmente).

Cuando empiezas a hacer contactos en caliente, no consigues muchos prospectos comprometidos ya que estás limitado por tu propio tiempo. Lo haces todo por tu cuenta y personalizas cada mensaje. Pero, por eso mismo, es fiable.

Nota: Llegar a tu audiencia caliente funciona tanto si tienes 100 contactos como 1.000.000. Así que, a medida que tu negocio crezca, utilizarás la automatización y los empleados para hacerlo más eficiente. Los sistemas empiezan siendo pequeños, contigo, pero *escalan durante el trayecto.*

Cómo hacer captación en caliente en 10 pasos

Los "Captación en caliente" es una forma fantástica de conseguir tus "Primeros cinco clientes" *para cualquier producto o servicio nuevo.* Para los más avanzados: Piensen en el reenganche y en nuevas líneas de productos. Así es como se hace:

Paso 1: Consigue tu lista

Paso 2: Elige una plataforma

Paso 3: Personaliza tu mensaje

Paso 4: Establece el contacto

Paso 5: Rompe el hielo

Paso 6: Invita a sus amigos

Paso 7: Hazles la oferta más fácil del mundo

Paso 8: Empieza desde arriba

Paso 9: Empieza a cobrar

Paso 10: Mantén tu lista caliente

(Paso 1) "Pero no tengo ningún prospecto..." → Todo el mundo tiene una lista

Conoces a otros seres humanos. Permíteme demostrártelo.

- Toma tu teléfono. En su interior tienes contactos. *Cada contacto se ha suscrito a tu comunicación.* Te han dado los medios *y el permiso* para ponerte en contacto con ellos.

- Busca *todas* las cuentas de correo electrónico que has utilizado a lo largo de los años. Extrae la lista de contactos y direcciones de cada una de ellas. ¡Bingo! Mira todos esos contactos.

- Ahora, ve a todos tus perfiles en las redes sociales. Mira tus seguidores, suscriptores, amigos, contactos o como los llamen ahora... eureka: ¡tienes más clientes potenciales!

Ejercicio n° 9: Suma <u>todos</u> tus contactos de <u>todas</u> las plataformas, incluyendo tu teléfono, correo electrónico, redes sociales y otras plataformas. Para la mayoría, estos serán sus primeros 1000 contactos.

Y si te aterra tener que hablar con la gente, relájate. Te gustará lo que te voy a enseñar a continuación.

(Paso 2) "Pero no sé por dónde empezar..." → Elige una plataforma

Ejercicio n° 10: Elige la plataforma en la que tengas más contactos del Ejercicio n° 9.

(Paso 3) "¿Pero qué les digo?" → Personaliza tu saludo

Ejercicio nº 11: Escribe algo personal que sepas sobre cada contacto. Ya sea de memoria o basándote en una rápida búsqueda en Internet. Puedes empezar sólo con los 100 primeros prospectos.

<u>Nota</u>: Recuerda que no les estás pidiendo nada. Sólo estás chequeando y aportándoles valor. *Así que... relájate.* Ejemplo: ¡He visto que acabas de tene*r un bebé! ¡Felicidades! ¿Cómo está tu bebé? ¿Y tú?*

(Paso 4) "¿Y ahora qué?" → Contacta a 100 personas cada día.

"Para conseguir lo que quieres, tienes que merecer lo que quieres". - Charlie Munger

Ejercicio nº 12: Ponte en contacto con 100 contactos al día con tu mensaje personalizado del Ejercicio nº 11. Ponte en contacto con ellos hasta 1 vez al día durante 3 días, o hasta que te respondan.

(Paso 5): "¿Qué digo cuando me respondan?" → Actúa como un ser humano.

Ahora podemos romper el hielo sin parecer irrespetuosos.

Responde utilizando el marco **R-E-F**:

- <u>Reconoce</u> lo que te han dicho. Repítelo con tus propias palabras. Esto demuestra una escucha activa.

    o *Ejemplo: Dos hijos. Y tú eres contable...*

- <u>Elogia</u> lo que te digan. Si puedes, relaciónalo con un rasgo positivo de su carácter.

    o *Ejemplo: ¡Wow! ¡Supermamá! ¡Que trabajadora! Gestionas una carrera a tiempo completo y dos niños...*

- <u>Formula</u> otra pregunta. Dirige la conversación en la dirección que quieras. En este caso, hacia un tema más cercano a tu oferta. Ejemplos:

  o Terapia/Coaching de vida: ... *¿Tienes tiempo para ti?*

  o Fitness/Pérdida de peso:... *¿Tienes tiempo para entrenar?*

  o Servicios de limpieza:... *¿Tienes a alguien que te ayude a mantener la casa en orden?*

El marco REF es estupendo porque te ayuda a hablar con cualquier persona. Resulta *que también* es útil para dar a conocer tu producto o servicio. Esto significa que puedes aprender sobre la persona *y* guiar la conversación hacia tu oferta.

Consejo profesional: En los correos electrónicos, sé más directo

En los correos electrónicos, tendrás una introducción personalizada para demostrar que realmente te has tomado el tiempo de investigarlos de alguna manera. Piensa en 2 o 3 frases. Luego, pasarás directamente a tu oferta o imán de prospectos, del que hablaremos a continuación. En los correos electrónicos o los mensajes de voz de alguna manera "lo haces todo a la vez".

(Paso 6) "¿Cómo sé si están interesados?" → Hazles una oferta.

Mantén una conversación "normal". Piensa en 3 o 4 intercambios si es por teléfono o a través de mensajes y de 3 a 4 minutos si es en persona. Luego, hazles una oferta para ver si están interesados.

Cuando hago una oferta desde cero, me remito a la ecuación de valor. Si te estás preguntando "¿qué es la ecuación de valor?", es el concepto central de mi primer libro *Ofertas de $100M*. El valor, tal y como yo lo defino, consta de cuatro elementos:

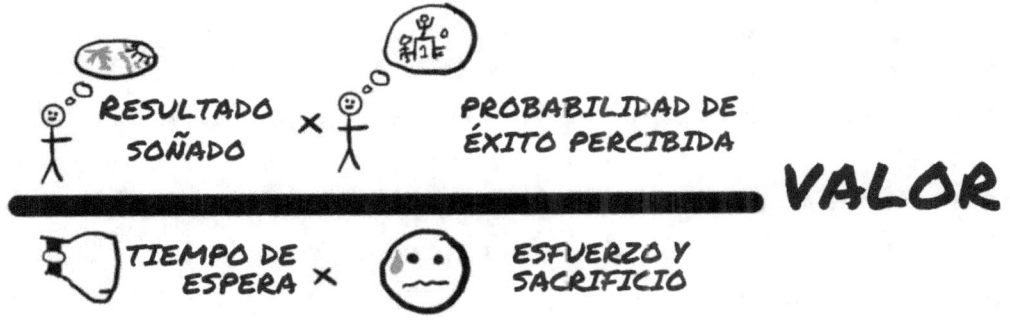

1) <u>Resultado soñado</u>: lo que la persona quiere que ocurra, de la forma en que quiere que ocurra.

   • Enumera los mejores resultados posibles que puede ofrecer tu producto. Puntos extra si esos resultados proceden de personas similares a la que te diriges.

2) <u>Probabilidad de éxito percibida</u>: qué probabilidades creen que tienen de alcanzar su objetivo.

   • Incluye resultados, reseñas, premios, avales, certificaciones y otras formas de *validación de terceros*. Además, las garantías son muy importantes.

3) <u>Tiempo de espera</u>: cuánto tiempo creen que tardarán en obtener resultados después de la compra.

   • Describe la rapidez con la que la gente *empieza* a obtener resultados, la frecuencia con la que obtienen resultados cuando empiezan y el tiempo que tardan en obtener los mejores resultados posibles.

4) <u>Esfuerzo y sacrificio</u>: Los obstáculos o dificultades que tendrán que sortear y a qué cosas buenas tendrán que renunciar en su lucha por conseguir el resultado.

   • Muéstrales las cosas buenas que podrán seguir haciendo, o llegar a hacer, y aun así obtener resultados. Y muéstrales las cosas malas de las que pueden deshacerse, o evitar hacer, y seguir obteniendo resultados.

El objetivo es maximizar los dos primeros y minimizar los dos segundos. Así que todo lo que tienes que hacer ahora es demostrarle a alguien:

   • Que tienes exactamente lo que quieren

   • Que tienen el cumplimiento garantizado

   • De manera increíblemente rápida

   • Sin mover un dedo ni renunciar a nada que les guste.

Así que vamos a hacer precisamente eso con una oferta de la vida real:

...Por cierto, ¿<u>conoces a alguien</u> que esté (describe sus problemas a resolver) *buscando* (resultado soñado) *en* (tiempo de espera)*? Estoy aceptando cinco casos de estudio gratis, porque es todo lo que puedo manejar. Sólo quiero conseguir testimonios de mi servicio/producto. Les ayudo a* (resultado soñado) *sin* (esfuerzo y sacrificio)*. Funciona. Incluso garantizo que la gente consiga* (resultado soñado) *o trabajo con ellos hasta que lo logren. Acabo de hacer que una chica llamada XXX trabaje conmigo* (resultado soñado) *a pesar de que* (describe la misma lucha o problema que tiene tu contacto)*. También tuve a otro chico que* (resultado soñado) *y era su*

primera vez. Me gustaría tener más testimonios que demuestren que funciona en diferentes escenarios. ¿Te viene a la mente alguien que te caiga bien a quien le pueda interesar? (Pausa si es por teléfono)...y si dicen que no... *Jaja, bueno... ¿te viene a la mente alguien a quien detestes?* (jaja) Esto ayuda a romper con cualquier incomodidad.

Nota: *No les estamos pidiendo que compren nada. Les preguntamos si conocen a alguien.* Como no les has pedido que compren nada, no parecerás insistente. Y de las personas que dicen que sí, la mayoría dicen que *ellos* están interesados. Algunas personas mostrarán interés por tus cosas. Otras te recomendarán a quienes podrían hacerlo. Algunas harán ambas cosas. En los tres casos, tú ganas. Y ganas *sin presionar a nadie*.

Mensaje de valor: *Ayudo a* (cliente ideal) *a conseguir* (resultado soñado) *en* (periodo de tiempo) *sin* (esfuerzo y sacrificio) *y* (aumento la probabilidad percibida de éxito -mira el consejo profesional que figura más abajo).

Nota: Estos consejos funcionan bien para correos electrónicos, mensajes de texto, mensajes directos, llamadas y en persona. Basta con rellenar los espacios en blanco.

Ejercicio n° 13: Crea tu mensaje de valor. Ayudo a:

(cliente ideal) _____

conseguir (resultado soñado) _____

en (plazo de tiempo) _____

sin (esfuerzo y sacrificio) _____

y (aumentar la probabilidad percibida de éxito) _____

_____

Consejo profesional: 11 maneras de aumentar la probabilidad percibida de éxito

A continuación te explico cómo aumentar la probabilidad percibida de éxito para que más gente acepte tu oferta. Incluye uno o más de los siguientes puntos:

1. Mostrar pruebas de que hemos conseguido lo que querían lograr (nuestra propia historia).

2. Mostrar pruebas de que personas *como ellos* han conseguido lo que querían (piensa en testimonios).

3. Mostrar el gran volumen de opiniones positivas que hemos recibido (piensa en un montón de reseñas 5 estrellas).

   a. Si aún no tienes reseñas, incluso el número de personas a las que has ayudado sirve.

4. Certificaciones/Títulos/Acreditaciones de terceros de que somos de fiar.

5. Números, estadísticas, investigaciones que apoyen el resultado que quieres que crean

6. Expertos que nos avalan

7. Alguna característica nueva/única que te distinga con la que no hayan fallado antes (para que esta vez sepan que va a funcionar).

8. Famosos que nos han avalado ("si ellos confiaron, yo también debería hacerlo").

9. Garantizar que lo conseguirán (así nosotros también ponemos algo de nuestra parte).

10. Descríbelos minuciosamente a ellos o al dolor que están experimentando. Cuanto más específico, mejor. (Pensarán: "me entiende de verdad, debe saber cómo ayudarme").

11. Si es posible, demuestra el resultado en directo. O muestra una grabación del mismo.

    a. Ejemplo: la agencia de publicidad pone una grabación de una llamada que el dueño de un gimnasio tiene que hacer a un cliente potencial en la llamada de ventas. "¿Podrías soportar hacer una llamada así a un cliente potencial si te los conseguimos?". Esto demuestra el resultado de los servicios publicitarios: la gente no quiere "clientes potenciales", quiere clientes. Simplemente no conocen una forma mejor de captarlos.

(Paso 7) "¿Cómo consigo que digan que sí?" → Facilítales que digan que sí. Haz que sea gratis.

Mi recomendación: siempre que lances un nuevo producto o servicio, haz que los cinco primeros sean gratuitos. La cantidad exacta importa menos que saber por qué te beneficias de esto. Aquí tienes las razones:

1) Adquirirás práctica y te sentirás cómodo haciendo ofertas a la gente. Te calmará los nervios saber que sólo estás ayudando... gratis... por ahora (carita de guiño).

2) Probablemente apestes (al principio). La gente es mucho más indulgente cuando no les has cobrado nada.

3) Como probablemente no seas muy bueno, necesitas aprender a ser menos malo. Mejorarás con la práctica. Es mejor tener unos cuantos conejillos de indias para pulir los detalles. Aprenderás un montón de la gente a la que ayudes gratis, te lo prometo. Aunque ahora no lo parezca, te llevas la mejor parte del trato.

4) Si la gente obtiene valor, especialmente de forma gratuita, es mucho más probable que:

    a) Dejen reseñas y testimonios positivos.

    b) Te den retroalimentación.

    c) Envíen a sus amigos y familiares.

Y por si eso no fuera suficiente, los clientes gratuitos pueden hacerte ganar dinero de otras tres maneras:

1) Se convierten en clientes que pagan.

2) Te envían clientes que pagan, a través de referencias.

3) Sus testimonios atraen a clientes que pagan.

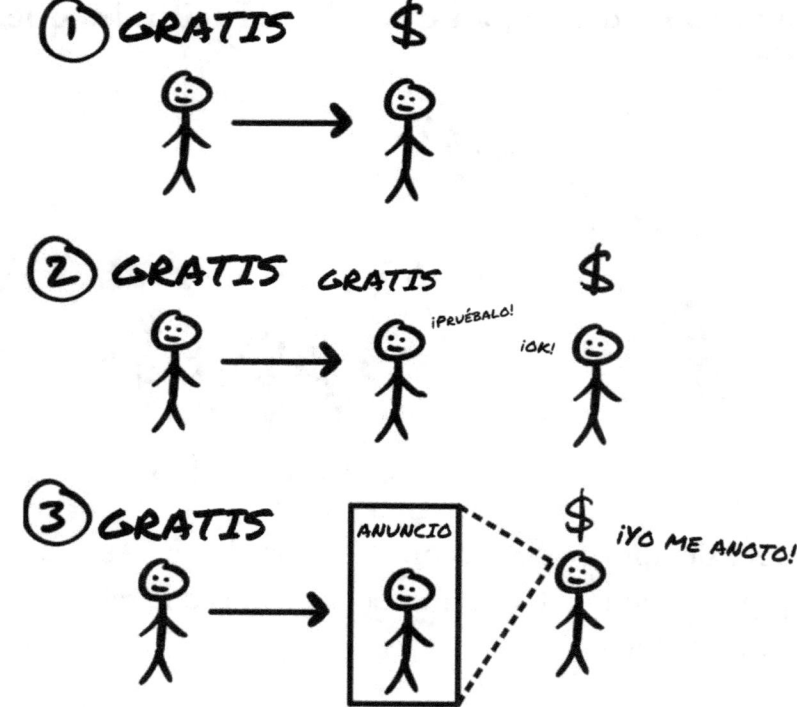

Así que, pase lo que pase, tú ganas.

Esto es lo que yo digo:

Como sólo estoy aceptando a cinco personas, puedo prestarte toda la atención que necesites para obtener resultados de los que puedas presumir. Y te lo daré todo gratis siempre y cuando te comprometas a: 1) usarlo 2) ofrecerme tu retroalimentación y 3) Dejar una reseña increíble si crees que se lo merece. ¿Te parece justo?

> ## Consejo profesional: Aplica el "Método bisagra" a las referencias
>
> Si pides una recomendación, haz una presentación a tres vías. Mi forma favorita de hacerlo en persona es tomar el teléfono del cliente, hacernos una foto a los dos y luego enviar por SMS esa foto al referido y a tu propio número. Si es una reunión virtual, hago una captura de pantalla de la videollamada y hago lo mismo. Si no puedes hacerlo, al menos inicia una comunicación a tres vías con el *cliente* como iniciador.

¿Y si dicen que no?

A menudo, lo más caro de lo que vendes no es el precio, sino los costos ocultos. **Los costos ocultos** son el tiempo, el esfuerzo y el sacrificio necesarios para obtener resultados de lo que vendes. En otras palabras, la parte inferior de la ecuación de valor. Si tienes dificultades para ofrecer tu producto o servicio de forma gratuita, significa que o bien la gente no lo quiere (resultado soñado), o no te creen (probabilidad de éxito percibida), *o bien* los costos ocultos (tiempo, esfuerzo y sacrificio) son demasiado elevados. En pocas palabras, tu producto "gratuito" es *demasiado caro*. Así que calcula los costos ocultos. Una vez que lo hagas, descubrirás aún más valor, por el que eventualmente podrás cobrar.

(Paso 8) "¿Qué hago una vez que me he comunicado con todos?" → Comienza de nuevo desde el principio.

Después de llegar a todos los clientes potenciales de una plataforma, pasa a la segunda plataforma en la que tengas más clientes potenciales. Después de contactar con esos clientes potenciales, pasa a la plataforma en la que tengas el tercer mayor número de clientes potenciales, y así sucesivamente.

(Paso 9) "Pero no puedo trabajar gratis para siempre..." → Empieza a cobrar.

Esto es importante. Es tu prueba de fuego para saber cuándo eres lo "suficientemente bueno" para cobrar. *Cuando la gente empiece a recomendarte, empieza a cobrar.* Cuando eso ocurra, cambia *"... gratis..."* en el guion anterior por *"80% de descuento* para los próximos cinco". Luego *60% de descuento* para los próximos cinco. Luego, *40% de descuento* para los próximos cinco, y así sucesivamente. Siéntete libre de seguir aumentándolo un 20% cada cinco días hasta que encuentres tu punto óptimo.

Consejo profesional: Consigue más dinero por adelantado y más síes → Pago por adelantado + Garantía

Ofrecer una garantía hace que más gente compre porque invierte el riesgo. Aquí tienes un buen enfoque para una garantía que te dará más "síes" y más dinero.

Puedes ofrecer una garantía sólo a las personas que paguen por adelantado. ¿Porque? *La gente que invierte por adelantado está más comprometida. Y como resultado, podemos garantizar sus resultados. Así que si quieres nuestra garantía, puedes pagar por adelantado nuestro servicio.*

Otra versión de la formulación que me dio mi buen amigo el Dr. Kashey: después de que la persona acepte comprar, le dices "¿prefieres pagar menos hoy o recuperar todo tu dinero?». Pagar menos hoy = plan de pago, así que menos dinero inicial. Recuperar todo tu dinero = pagar por adelantado y obtener una garantía de que obtendrás el resultado que deseas.

Ejemplo: "Paga menos" = $2.000/mes durante 3 meses = $6.000 (sin garantía)

O

"Recupera todo tu dinero" = $6.000 por adelantado *con* garantía.

Presentado de esta manera, la mayoría de la gente elige la opción de pago por adelantado con la garantía. Así que, si planeas ofrecerla de todos modos, puedes usarla como arma para incentivar a más gente a pagar por adelantado.

(Paso 10) "¿Pero qué hago a partir de aquí?" →Mantén tu lista caliente.

Ofrece regularmente valor a tu lista a través del correo electrónico, las redes sociales, etc. para mantenerla caliente. Una lista caliente se mantiene preparada para tus contactos calientes en el futuro. Una vez que hayas aportado valor durante un tiempo, o detectes quién quiere valor, sondea tu lista con la plantilla atemporal de "unas pocas palabras por correo electrónico" de Dean Jackson:

¿Sigues buscando [*palabras de deseo*]?

Y *estas respuestas deben ser tu máxima prioridad para llegar a ellos en caliente.*

Si sigues aportando valor, tu audiencia te alimentará eternamente.

Ejercicio n° 14: Escribe tu mensaje de una sola línea.

¿Sigues buscando _____

_____ ?

Resumen de la lista de control de publicidad

Veámoslo ahora en diez líneas, porque hemos tardado unas cuantas páginas en llegar hasta aquí.

Lista de Verificación Diaria de Acercamientos Calidos	
Quién:	Tú mismo
Qué:	Los primeros 5 gratis
Dónde:	Teléfono/Email/Correo físico/SMS/Etc.
A quién:	Tus contactos
Cuándo:	Las primeras 4 horas de tu día
Por qué:	Quieres conseguir clientes o referencias
Cómo:	Mensajes personalizados utilizando el marco REF
Cuánto:	100 intentos al día
Cuántas:	Seguimiento dos veces más después del primer contacto
Hasta cuándo:	Hasta que consigas clientes

Puntos de referencia: ¿Cómo lo estoy haciendo?

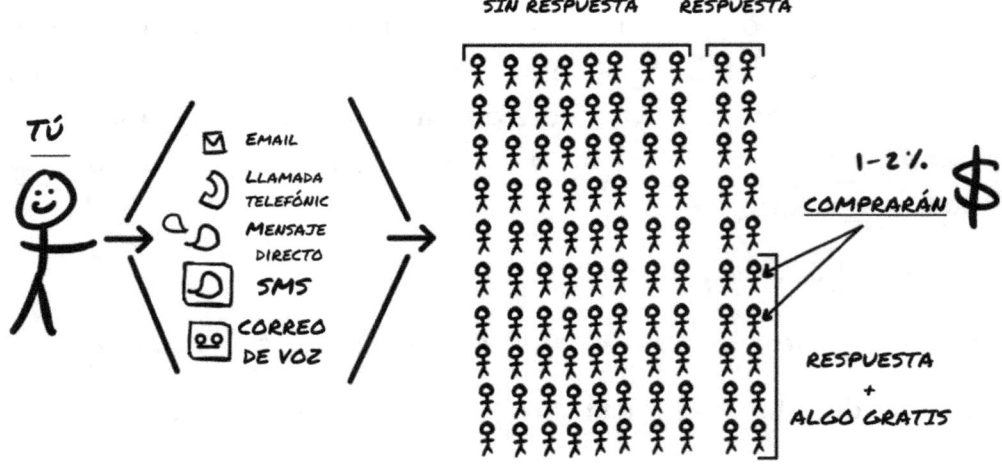

Las interacciones en caliente deberían conseguir que uno de cada cinco contactos se comprometa. Por lo tanto, con "contactos calientes" deberían recibir unas veinte respuestas. De los veinte que respondan, *uno de cada cinco* aceptará tu oferta gratuita. Es decir, cuatro personas. De las cuatro que acepten tu oferta gratuita ahora, deberías poder convertir a *una* en algún tipo de oferta paga más adelante.

Este proceso *por sí solo* puede llevarte a ganar más de 100.000 dólares al año sin nada más. Aquí está la cuenta de los montos:

Esto supone que el 1% de tu lista compra una oferta de $400 usando *sólo* "contactos calientes". 500 contactos por semana = 5 clientes por semana

Producto de $400 → 5 clientes por semana x $400 cada uno = $2000/semana

$2000/semana x 52 semanas = $104.000... bingo.

Que, en el momento de escribir estas líneas, sigue siendo el doble del ingreso familiar promedio en los EE.UU. Nada mal.

Consejo profesional: Únete a Comunidades

Para aprender aún más rápido, únete a comunidades de personas que utilicen el mismo método publicitario que tú. Son ideales para obtener apoyo de tus pares, así como trucos y consejos actualizados. Además, no hagas nada sospechoso. Hay mucha gente que se enorgullece de sobrepasar los límites legales. No seas esa persona. Siempre se vuelve en tu contra. Hazlo bien y te alimentarás de por vida.

¿Y ahora qué sigue?

Los contactos en caliente tienen dos limitaciones. El tiempo y el número de personas que conoces. Así que, a continuación, *añadiremos* la segunda de las cuatro actividades publicitarias fundamentales: publicar contenidos gratuitos.

UN REGALO PARA TI: Capacitación extra - Contactos calientes

Si te gusta este material, profundizo en un desglose sin restricciones de las muchas y diferentes estrategias que puedes utilizar dentro de las captaciones en caliente para conseguir tu primer o tu millonésimo cliente. Si te parece interesante, visita Acquisition.com/training/leads Y, por si necesitabas otra razón, es gratis. Espero que lo utilices para conseguir tantos clientes potenciales como necesites. También puedes escanear el código QR de abajo si no quieres teclear.

---

2. Publica contenido gratuito. Parte I

Cómo crear una audiencia para conseguir clientes potenciales comprometidos

Nadie se ha quejado nunca por recibir demasiado valor.

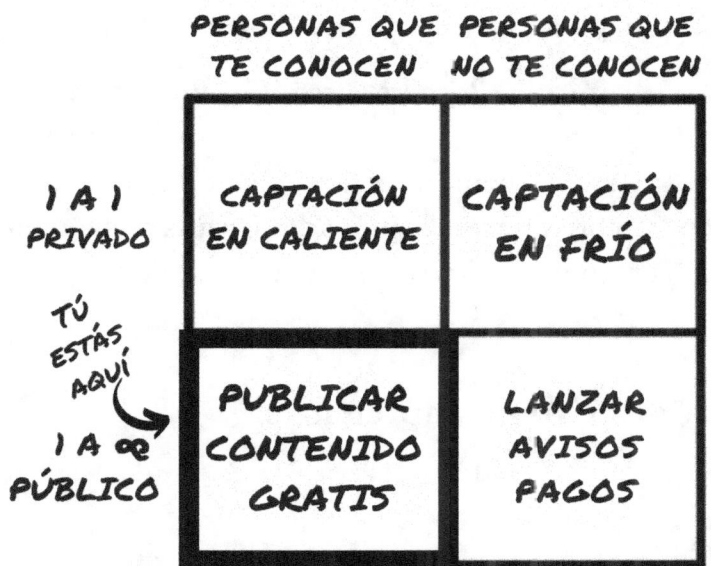

CUATRO PILARES BÁSICOS

	PERSONAS QUE TE CONOCEN	PERSONAS QUE NO TE CONOCEN
1 A 1 PRIVADO	CAPTACIÓN EN CALIENTE	CAPTACIÓN EN FRÍO
1 A ∞ PÚBLICO	PUBLICAR CONTENIDO GRATIS	LANZAR AVISOS PAGOS

TÚ ESTÁS AQUÍ →

Cómo funciona la construcción de una audiencia - Publica un gran contenido gratuito

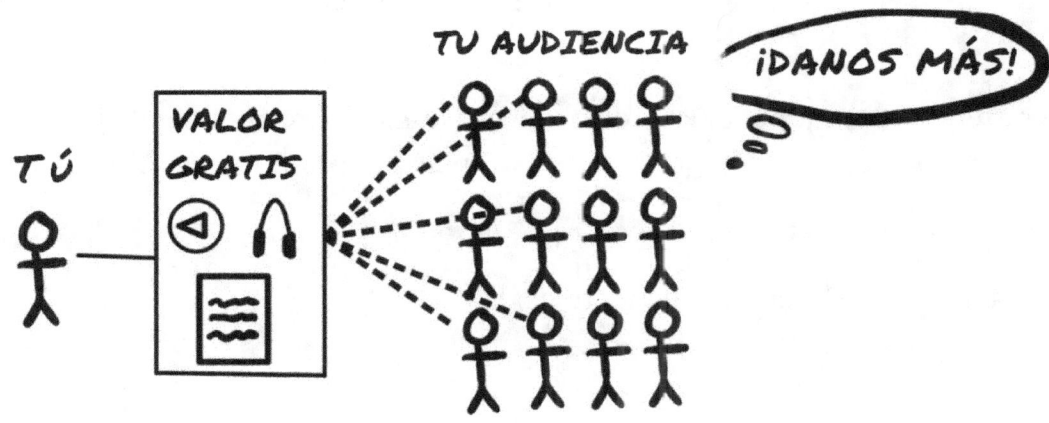

TÚ — VALOR GRATIS — TU AUDIENCIA — ¡DANOS MÁS!

Publicar contenido gratuito puede conseguir muchos más clientes potenciales comprometidos por el tiempo que invertimos. Las personas que creen que es valioso pasan a formar parte de tu audiencia caliente. Si creen que otras personas lo encontrarán valioso, lo compartirán. Y si a las personas con las que lo comparten les gusta, también pasan a formar parte de tu audiencia caliente.

Qué dificulta la publicación de contenidos. En primer lugar, es más difícil personalizar tu mensaje. Por lo tanto, responde menos gente. En segundo lugar, compites con todos los demás que publican contenidos gratuitos. Esto hace que sea más difícil destacarte del resto. Y finalmente, si logras destacarte del resto, la gente te copiará. Esto significa que tienes que innovar constantemente.

Por qué vale la pena. Una mayor audiencia significa más clientes potenciales comprometidos.

Qué encontrarás en este capítulo. Primero, desmitificamos los contenidos que aumentan la audiencia mostrando que todos están compuestos por las mismas unidades básicas. Una unidad de contenido tiene tres componentes: enganchar, retener y recompensar. En segundo lugar, veremos cómo entrelazar estas unidades básicas te ayudará a crear contenido que haga crecer tu audiencia para cualquier plataforma o tipo de medio.

La Unidad de Contenidos - Tres componentes

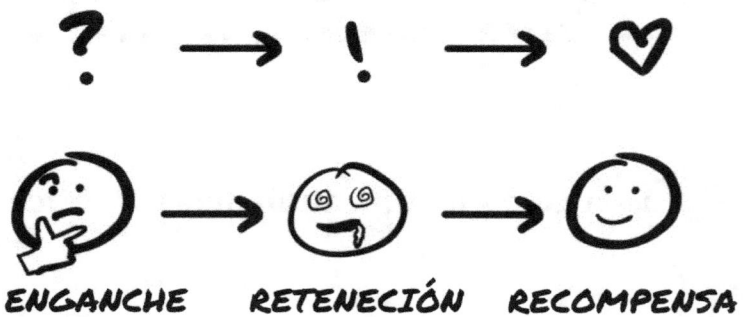

Todo contenido que aumenta la audiencia hace una cosa: recompensa a las personas que lo consumen. Y una persona sólo puede ser recompensada por el contenido si:

1) Tiene una razón para consumirlo y

2) Presta atención el tiempo suficiente para

3) Satisfacer esa razón.

Afortunadamente, podemos invertir esos tres resultados en las tres cosas que tenemos que *hacer* para crear contenidos que aumenten nuestra audiencia. Esto significa que tenemos que:

a) **Enganchar**: hacer que presten atención a tu contenido.

b) **Retener** la atención: hacer que lo consuman.

c) **Recompensar** la atención: satisfacer la razón por la que lo consumieron para empezar.

La mínima cantidad de material necesaria para captar, retener y recompensar la atención es una **unidad de contenido**. Puede ser tan pequeña como una imagen, un meme o una frase. Es decir, puedes captar, retener y recompensar *al mismo tiempo*.

1) Enganchar: No se les puede recompensar si antes no captamos su atención.

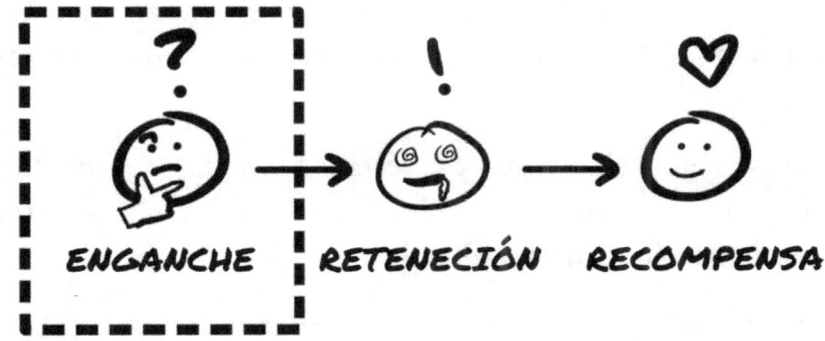

El objetivo: Les damos una razón para redirigir su atención de lo que estén haciendo hacia nosotros. Si lo conseguimos, les habremos enganchado. La eficacia de tu gancho se mide por el porcentaje de personas que empiezan a consumir tu contenido. Así que si consigues captar correctamente la atención, *muchas* personas tendrán un motivo para consumir tu contenido. Si lo haces mal, *pocas* personas tendrán un motivo para consumir tu contenido.

Componentes del gancho. Aumentamos el porcentaje de personas que eligen nuestros contenidos eligiendo *tópicos* que les resulten interesantes, *titulares* que les den una razón y ajustándonos *al formato* de otros contenidos que les gusten.

Tópicos. Los tópicos son los temas sobre los que trata tu contenido. Yo prefiero utilizar experiencias personales. Divido los temas en cinco categorías: Pasado lejano, Pasado reciente, Presente, Tendencias y Producir experiencias.

a) <u>Pasado lejano</u>: Las lecciones importantes *del pasado* en tu vida. Conecta esa sabiduría con tu producto o servicio para aportar un enorme valor a tu audiencia. Dales la historia sin la cicatriz.

b) <u>Pasado reciente</u>: Haz algo, y luego habla de lo que hiciste (o de lo que pasó). Estudia tu calendario de la última semana. Mira todas tus reuniones. Analiza todas tus interacciones sociales. Fíjate en todas tus conversaciones con tus contactos calientes. *Hay oro en estas conversaciones.* Cuenta historias a partir de ellas que puedan servir a tu audiencia.

   i) Esto significa tomar notas, grabaciones y otros registros para facilitar el acceso a ese material. Pero también supone un caudal de contenido gratuito, fácil y valioso.

   ii) Los testimonios y estudios de casos entran en esta categoría. Si puedes contar una historia interesante de un cliente *de forma que aporte valor a tu audiencia,* estarás promocionando tus servicios y aportando valor.

c) <u>Presente</u>: Anota las ideas en *el momento exacto en que se te ocurran.* Ten siempre a mano una forma de anotar tus ideas. Yo incluso hago pausas en las reuniones para tomar nota de las ideas y enviármelas por mensaje de texto o por correo electrónico.

d) <u>Tendencias</u>: Hablar los temas que están de moda es muy eficaz para captar la atención de un público más amplio. Si tienes un comentario relevante o toca de algún modo tu experiencia, habla de ello.

e) <u>Producir experiencias</u>: Convierte tus ideas en realidad. Elige un tema que le interese a la gente. Luego, aprende sobre él, créalo o realízalo. A continuación, enséñaselo al mundo. Esto cuesta más tiempo y esfuerzo, ya que tienes que crear la experiencia en lugar de hablar de una que ya has vivido. Pero puede ser la más rentable.

   i) Ejemplo de experiencia producida: *Viví con 100 dólares durante un mes. Aquí te cuento* cómo *lo hice.*

   ii) **Producido vs Documentado.** La producción de contenido es lo que más hace crecer las audiencias, ya que los creadores de contenidos calificados pueden obtener la máxima recompensa por cada unidad de contenido. Pero cuesta más que simplemente documentar. Así que, por ahora, haz lo que puedas.

Ejercicio n° 15: Mira tu calendario. Escribe las anécdotas interesantes que te hayan ocurrido en las dos últimas semanas. Las cosas que aprendiste, en las que fracasaste y en las que tuviste éxito.

Historia interesante: _____

Lección interesante: _____

Fracaso: _____

Gran epifanía: _____

_____

Titulares. Un titular es una frase u oración breve que se utiliza para captar la atención de la audiencia. Comunica la razón por la que deberían consumir el contenido. Lo utilizan para sopesar la probabilidad de obtener una recompensa por consumir tu contenido en lugar de otro.

<u>Siete cosas que hacen que los titulares sean más interesantes:</u>

a) <u>Actualidad</u> - Lo más reciente posible, literalmente lo "nuevo". Ahora vs. un año atrás.

b) <u>Relevancia</u> - Significativo a nivel personal. Se aplica a ellos o no.

c) <u>Celebridad</u> - Incluir a personas destacadas (famosos, autoridades, etc.). Acerca de un famoso vs. Acerca de una persona normal.

d) <u>Proximidad</u> - Cerca de casa - geográficamente. Aquí al lado vs. al otro lado del mundo.

e) <u>Conflicto</u> - De ideas opuestas, personas opuestas, naturaleza, etc. Ejemplo: política.

f) <u>Insólito</u> - extraño, único, raro, bizarro. Hombre de seis dedos vs. hombre de cinco dedos.

g) <u>En curso</u> - Las historias aún en curso son dinámicas, evolucionan y tienen giros inesperados.

Ejercicio nº 16: Escribe un titular para cada una de las historias del Ejercicio nº 15 utilizando de 2 a 3 de los elementos de los titulares anteriores.

Historia interesante: _____

Lección interesante: _____

Fracaso: _____

Gran epifanía: _____

_____

Formato. Tenemos que adaptar nuestro formato al mejor contenido de cada plataforma.

<u>Ejemplo de formato:</u>

Este meme tiene a la misma persona (yo) en cuatro plataformas diferentes. Cada una coincide con el formato de la plataforma.

Ejercicio nº 17: Observa los contenidos de mayor rendimiento en cuatro plataformas. Formatea un contenido para cuatro plataformas diferentes, según los mejores estilos de cada una.

2) Retener

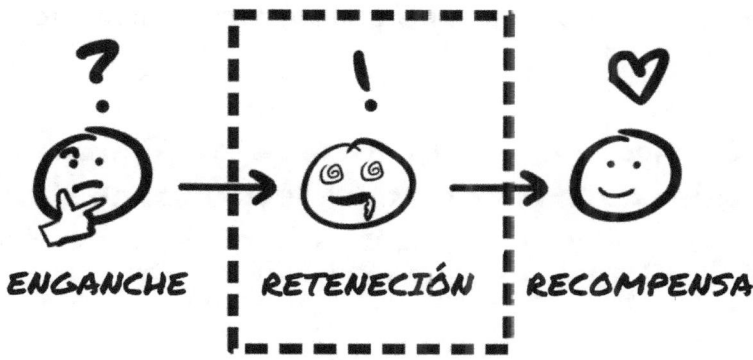

ENGANCHE → RETENECIÓN → RECOMPENSA

Mi factor de retención favorito *la curiosidad*. Mis tres formas favoritas de impulsar la curiosidad son: listados, pasos e historias.

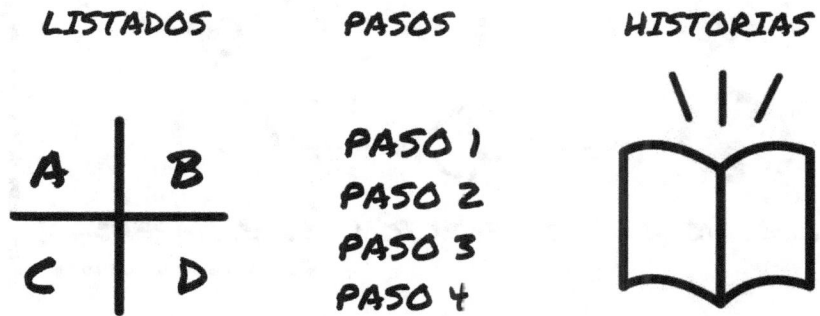

LISTADOS   PASOS   HISTORIAS

A | B
C | D

PASO 1
PASO 2
PASO 3
PASO 4

a) Listados: Los listados son cosas, hechos, consejos, opiniones, ideas, etc. presentados uno tras otro siguiendo un tema. Indicar el número de elementos de la lista en el titular, o en los primeros segundos del contenido, indica a la gente lo que puede esperar.

b) Pasos: Los pasos son acciones que ocurren *en orden* y logran un objetivo cuando se completan. Siempre que los primeros pasos hayan sido claros y valiosos, la persona querrá saber cómo realizarlos todos para lograr el objetivo general.

Aquí tienes la diferencia entre pasos y listados. Los pasos son *acciones* que deben realizarse en un *orden concreto* para obtener un resultado. Los listados pueden contener casi cualquier cosa en el orden que quieras.

c) Historias: Las historias describen acontecimientos, reales o imaginarios. Y las historias que merece la pena contar suelen tener alguna lección o enseñanza para el oyente. Puedes contar historias sobre cosas *que han ocurrido*, que *podrían ocurrir* o *que nunca ocurrirán*. Las tres cosas despiertan curiosidad porque la gente quiere saber qué va a suceder a continuación.

Puedes usar listados, pasos e historias por separado o entrelazarlos. Por ejemplo, puedes incluir listados dentro de los pasos, y una historia sobre cada elemento del listado.

Ejercicio n° 18: Elige una de las historias del Ejercicio 15. Resume los puntos principales de la historia o las lecciones que aprendiste de ella. Siéntete libre de añadir mini-historias para cada lección.

3) Recompensar

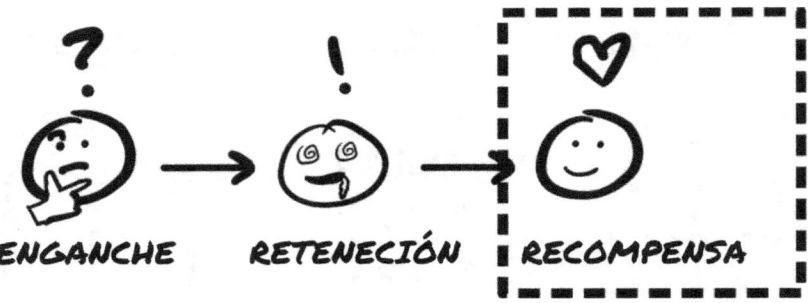

La calidad de tu contenido depende de la frecuencia con la que recompensa a tu audiencia en el tiempo que tarda en consumirlo. Piensa en el *valor por segundo*. Así que no existe un contenido demasiado largo, sino uno *demasiado aburrido*.

Podemos aumentar la probabilidad de que se produzca la recompensa al:

- Atraer a la audiencia *adecuada* con temas, titulares y formatos apropiados.

- Retenerla con listados, pasos e historias para que despierten su curiosidad y quieran más.

- Satisfacer claramente la razón por la que el contenido les enganchó para empezar.

Ejemplo: Si tu gancho promete "7 maneras de reconciliarte con tu cónyuge" y das:

(A) cuatro maneras, (B) siete maneras que apestan (o las han oído todas antes), (C) estás hablándole a una sala de solteros que no tienen cónyuge, *hiciste un mal trabajo de recompensa*. La gente no querrá volver a verlo, y desde luego no lo compartirá.

<u>Conclusión</u>: Recompensar a tu audiencia significa *igualar o superar sus expectativas cuando deciden consumir tu contenido*. Así sabrás si lo has conseguido: *tu audiencia crecerá*. Si no crece, tu contenido no es tan bueno. Practica haciendo más y mejorarás.

Ejercicio n° 19: Utiliza la misma historia que en el Ejercicio n° 18. Comprueba que hayas cumplido la promesa de tu titular. Escribe lo que pueden <u>hacer</u> ahora como resultado del contenido.

Entonces, ¿cuál es la diferencia entre un formato de contenido corto y uno largo? Respuesta: no mucha.

Si recuerdas lo que hemos mencionado antes, la menor cantidad de material que se necesita para enganchar, retener y recuperar la atención es una **unidad de contenido**. Por lo tanto, para crear un contenido más largo, simplemente enlazamos unidades de contenido.

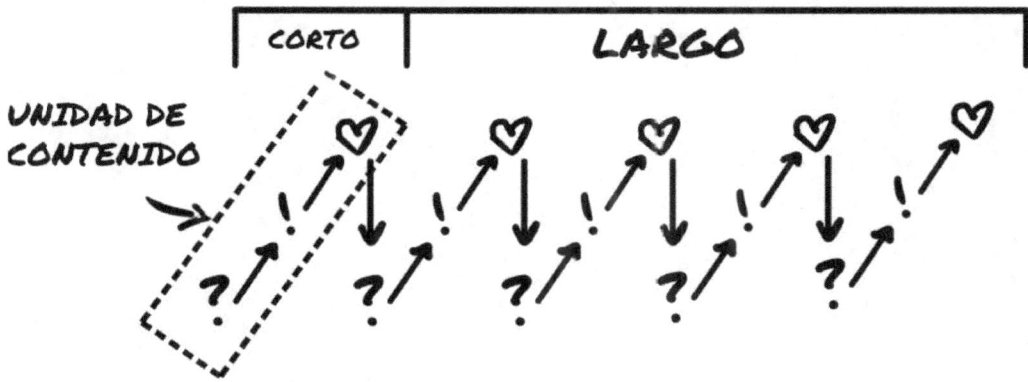

Empieza con algo pequeño, y luego construye a partir de ahí. Incluso si empiezas con contenidos más largos, lo cual está bien, te sugiero que empieces con versiones más cortas. Te resultará más fácil.

Consejo profesional: Haz que todo tu contenido sea para desconocidos:

Esto es importante. Si quieres *hacer crecer* tu audiencia caliente, entonces tienes que hacer contenido asumiendo que las personas que lo consumen nunca han oído hablar de ti antes. Si lo haces para desconocidos, a los desconocidos les gustará porque... *lo has hecho para ellos.* Y lo compartirán. Y tu audiencia crecerá mucho más rápido. No te preocupes por repetirte. Tu audiencia apreciará los recordatorios.

Una vez que comprendas cómo hacer una unidad de contenido, todo lo que tienes que hacer es crear *más.* Entonces, tu audiencia crecerá. Y una vez que tu audiencia crezca lo suficiente, es posible que desees monetizarla. Y eso es lo que veremos a continuación.

2. Publica contenido gratuito. Parte II

Monetiza tu audiencia

"Dar–dar–dar, dar–dar–dar, hasta que te lo pidan"

CUATRO PILARES BÁSICOS

	PERSONAS QUE TE CONOCEN	PERSONAS QUE NO TE CONOCEN
1 A 1 PRIVADO	CAPTACIÓN EN CALIENTE	CAPTACIÓN EN FRÍO
1 A ∞ PÚBLICO	PUBLICAR CONTENIDO GRATIS	LANZAR AVISOS PAGOS

TÚ ESTÁS AQUÍ →

El objetivo de esta sección es mostrarte cómo monetizar tu audiencia.

En primer lugar, hablaremos de cómo podemos hacer ofertas sin convertirnos en un monstruo del spam: dominar la relación dar : pedir.

Luego, hablaremos de las dos estrategias de oferta para monetizar la audiencia.

Después de eso, hablaré de cómo escalar tu producción para que puedas aumentar tu audiencia más rápidamente y ganar aún más dinero.

A continuación, compartiré un montón de lecciones que he aprendido al construir mi propia audiencia y que desearía haber conocido antes.

Por último, voy a concluir con la forma en que puedes pasar a la acción sobre todo esto hoy mismo.

Dominar la relación Dar : Pedir

Da más de lo que pides. Se ha estudiado la proporción adecuada. Tienes que *dar al menos De 3 a 5 veces más de lo que pides*. Esto mantiene una audiencia. Si quieres crecer más rápido, da mucho más de 4 veces de lo que pides (piensa en 10-20 más). Si quieres reducir tu audiencia, pide más de lo que das.

Y ahora que tengo algo de experiencia en esto, he realizado un pequeño ajuste a la estrategia tradicional de dar : pedir que la lleva al siguiente nivel: *Dar hasta que te lo pidan.*

Es muy sencillo. Si das lo suficiente, *la gente empieza a pedirte* más. Irán a tu sitio web, te enviarán un DM, un correo electrónico, etc., para pedirte más. Cuando utilizas esta estrategia, *das en público y pides en privado.* Y lo mejor de todo es que, si te anuncias de esta forma, *tu crecimiento nunca se detendrá.* Dejas que el público decida por sí mismo cuándo está dispuesto a darte dinero.

Resumiendo: El momento en que empiezas a pedir dinero es el momento en que decides frenar tu crecimiento. Así que cuanto más paciente seas, más obtendrás cuando finalmente hagas tu petición.

Paso a seguir: Dar dar, dar, dar, dar, *hasta que te pidan.*

Cómo ganar dinero con tus contenidos: Pide

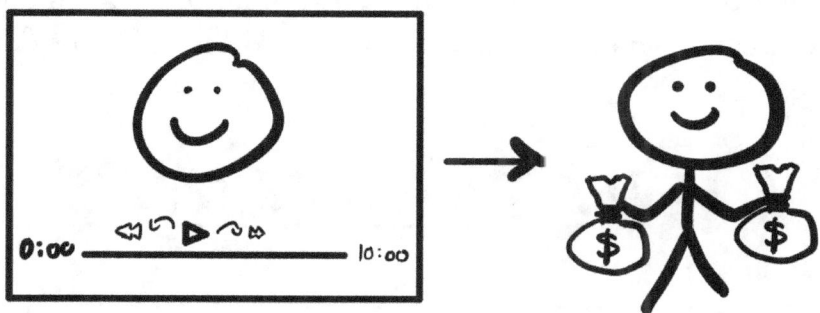

A veces hay que pedir. Piensa en las "peticiones" como si fueran anuncios. *Interrumpes el programa con un mensaje muy importante*. Como eres tú quien aporta el valor, interrumpes tu propio contenido con anuncios sobre los productos que vendes. Pagas el costo de la pérdida potencial de confianza, la desaceleración del crecimiento y, por supuesto, el tiempo que te llevó reunir a la audiencia en primer lugar. Y obtienes dinero a cambio. Ahora bien, yo uso dos estrategias para incorporar promociones al contenido: ofertas integradas y ofertas intermitentes. Analicemos ambas.

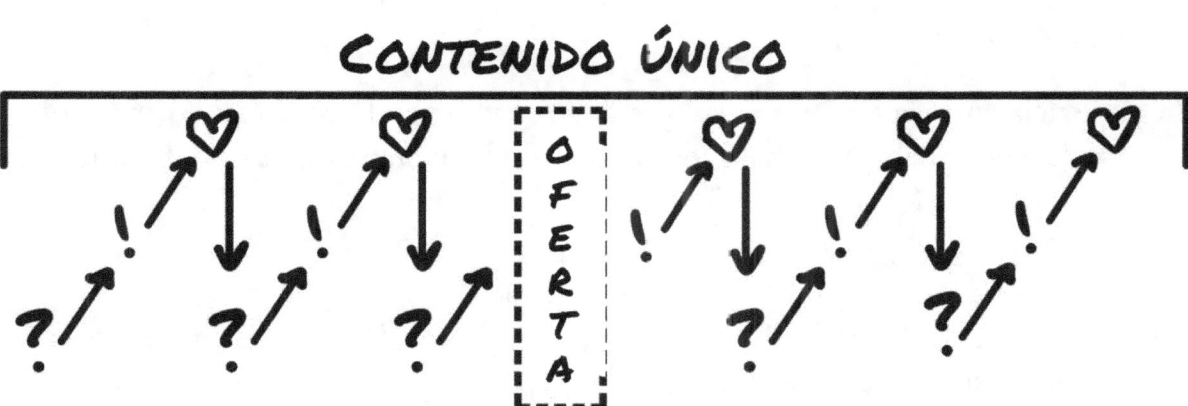

Integradas: Puedes insertar publicidad en cada pieza de contenido siempre que mantengas alta tu relación "dar : pedir". Seguirás aumentando tu audiencia *y* conseguirás clientes potenciales comprometidos. Todos ganan.

Por ejemplo, si hago un podcast de una hora, tener 3 anuncios de 30 segundos significa que tendría 58,5 minutos de dar por 1,5 minutos de pedir. Muy por encima de la proporción 3:1.

Normalmente integro las "peticiones", también conocidas como llamadas a la acción o "CTA" (por sus siglas en inglés: Call To Action), después de un momento valioso o al final de la pieza de contenido. Considera la posibilidad de probar primero en uno de esos lugares, y asegúrate de que el crecimiento de tu audiencia no se desacelere. Luego añade la segunda y así sucesivamente.

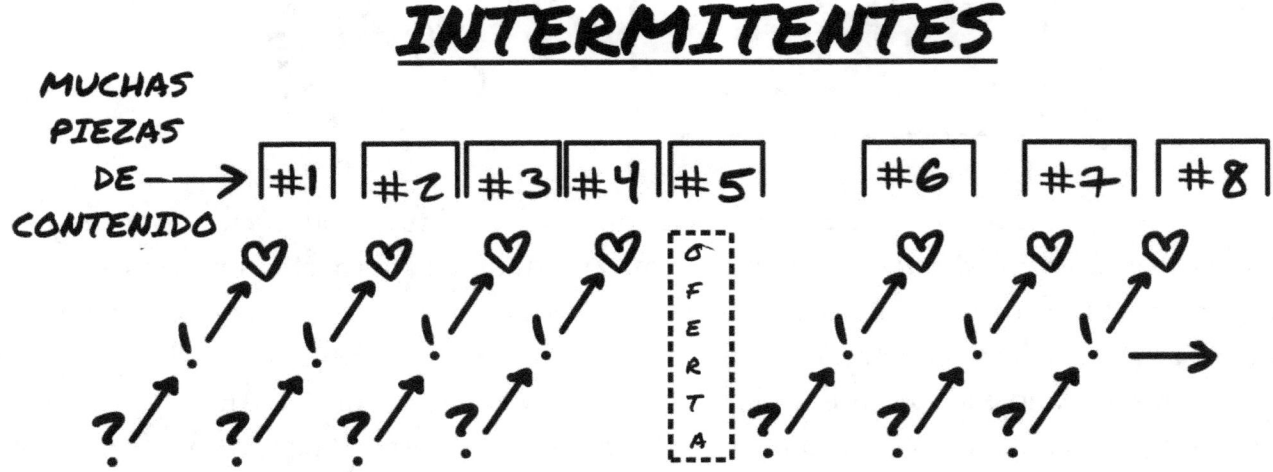

Intermitentes: La segunda forma de monetizar es a través de peticiones intermitentes. Así es como funciona. Haces muchas piezas de contenido de puro "dar" y luego, de vez en cuando, haces una pieza de "pedir". Ejemplo: Haces 10 posts de "dar", y en el 11, promocionas tu producto o servicio.

La diferencia entre la primera y la segunda forma, depende de la plataforma. En las plataformas cortas, dominará la forma intermitente. En las plataformas largas, las integraciones suelen ser la mejor opción.

Ejercicio n° 20: Añade el llamado a la acción (CTA) del Ejercicio n° 7 ya sea de los imanes de prospectos o de tu oferta principal. Pon una frase antes del CTA que vincule dicho llamado a la acción con este contenido, de modo que fluya de manera natural.

Nota del autor: Si necesitas más ayuda con la creación de ofertas, escribí un libro entero al respecto titulado *Ofertas de $100M*. También he hecho un resumen y cuaderno de trabajo de ese libro. Puedes encontrarlos en cualquier lugar donde compres o leas libros.

Cómo hacer crecer tu audiencia caliente

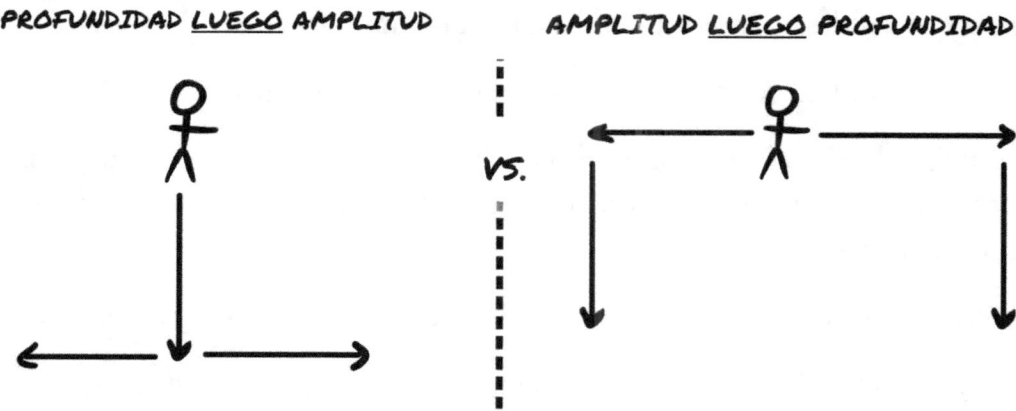

Existen dos estrategias opuestas para escalar tu audiencia caliente. Ambas siguen pasos progresivos. En primer lugar, tienes el enfoque profundidad-luego-amplitud. Luego, tienes el enfoque amplitud-luego-profundidad. Ambos son correctos. Así es cómo funcionan:

Profundidad y luego amplitud: Aprovecha al máximo una plataforma y luego pasa a la siguiente.

Paso 1: Publica contenido en una plataforma relevante.

Paso 2: Publica contenido regularmente en esa plataforma.

Paso 3: Maximiza la calidad y la cantidad del contenido en esa plataforma. En formatos cortos, a veces puedes llegar a publicar hasta diez veces al día por plataforma. En formatos largos, puede que tengas que hacerlo hasta cinco veces por semana (véase telenovelas).

Paso 4: Añade otra plataforma manteniendo la calidad y la cantidad de la primer plataforma.

Paso 5: Repite los pasos 1-4 hasta maximizar todas las plataformas relevantes.

Ventajas: Una vez que hayas dominado una plataforma, maximizarás el rendimiento de ese esfuerzo. Las audiencias se acumulan más rápido cuanto más haces. Así que aprovecha esta capitalización. Necesitarás menos recursos para hacer que funcione.

Desventajas: Tienes menos oportunidades en nuevas plataformas y nuevas audiencias. No consigues la sensación de "omnipresencia". Al principio, corres el riesgo de que tu negocio dependa de un solo canal. Esto es un riesgo porque las plataformas cambian constantemente y a veces te bloquean sin motivo. Si sólo tienes una forma de captar clientes, puede acabar con tu negocio si te la cierran.

Amplitud y luego profundidad: Entra pronto en todas las plataformas y aprovéchalas al máximo.

Paso nº 1: Publica contenido en una plataforma relevante.

Paso nº 2: Publica contenido regularmente en esa plataforma.

Paso nº 3: *Aquí es donde esta estrategia difiere de la anterior.* En lugar de maximizar el contenido de la primera plataforma, pasa a la siguiente plataforma relevante manteniendo la anterior.

Paso nº 4: Continúa hasta que estés en todas las plataformas relevantes.

Paso nº 5: Ahora, maximiza tu creación de contenidos en todas las plataformas a la vez.

Ventajas: Llegas más rápidamente a un público más amplio. Y, puedes "reutilizar" tu contenido. Así, con un poco de trabajo extra, puedes lograr una alta eficacia. Con cambios mínimos en el formato, puedes hacer que el mismo contenido se adapte a múltiples plataformas. Por ejemplo, requiere poco esfuerzo extra formatear un único video corto en todas las plataformas que distribuyen contenidos de video cortos.

Desventajas: Cuesta más trabajo, atención y tiempo hacerlo bien. A menudo, la gente acaba con un montón de contenido malo en todas partes.

Ejercicio n° 21: Elige un enfoque. Empieza a publicar. Luego, ve escalando con el tiempo.

7 lecciones que he aprendido al crear contenidos

1) **Pasa de "Cómo" a "Cómo lo hago yo". De "Ésta es la mejor manera" a "Éstas son mis maneras favoritas", etc.** (sobre todo al empezar). Habla de lo que tú has hecho, no de lo que deberían hacer los demás. De lo que te gusta a ti, no de que esto es *lo* mejor.

2) **Necesitamos recordatorios más que lecciones.** Repite lo mismo una y otra vez. Te aburrirás de tu contenido antes incluso de que toda tu audiencia lo vea.

3) **Limita el enfoque de tu contenido.** Habla sólo de lo que sepas y en lo que tengas experiencia. Si creas contenido educativo sobre temas en los que no eres experto, parecerás poco confiable. Enseña únicamente lo que sabes. No finjas.

4) **El contenido crea herramientas para los vendedores.** Crea una lista maestra de tus "grandes éxitos". Etiqueta cada "éxito" con el problema común que resuelve para tus clientes potenciales. Luego, tu equipo de ventas puede enviarla antes o después de las llamadas de ventas y ayudar a la gente a decidirse a comprar.

5) **El contenido gratuito retiene a los clientes que pagan.** Si alguien te compra, *es más probable* que consuma tu contenido gratuito. Si tu contenido gratuito es valioso, gustarás más a tus clientes de pago y se mantendrán fieles a tu negocio durante más tiempo. El valor gratuito refuerza su *percepción* del retorno percibido de la inversión (ROI) en tu producto o servicio pago.

6) **La gente no tiene una capacidad de atención más corta, sino más exigente.** Repito para enfatizar: *no existe lo demasiado largo, sino lo demasiado aburrido.*

7) **Evita pre-programar publicaciones.** Los posts que publico manualmente tienen mejor rendimiento que los que pre-programo. Por lo tanto, creo firmemente en que alguien pulse el botón de "enviar", porque le da esa última presión para hacerlo bien. Pruébalo.

Puntos de referencia - ¿Cómo lo estoy haciendo?

Si nuestra audiencia crece, lo hemos hecho bien. Pero si nuestra audiencia crece rápidamente, lo hemos *hecho mejor.* Así que me gusta medir mensualmente el tamaño de mi audiencia y la velocidad de crecimiento.

Esto es lo que mido:

1) Número total de seguidores y alcance - ¿Qué tan *grande?* Haz un seguimiento del crecimiento absoluto de seguidores y del alcance.

2) Tasa de captación de seguidores y alcance - ¿Qué tan rápido? Haz un seguimiento de la tasa de crecimiento.

Alex Hormozi ✓
@AlexHormozi

Es sorprendente lo que puedes lograr
si no te detienes una vez que
comienzas.

Tu primera publicación

Probablemente lleves tiempo aportando valor a otros seres humanos a sabiendas o sin saberlo. Así que en el primer post que hagas, *puedes hacer una petición*. Mi esperanza es que consigas tu primer prospecto comprometido. Aquí está la mía.

Alex Hormozi ✓
April 9, 2013 · Baltimore, MD · 🌐

Hola a todos:

Para aquellos que me conocen, saben dos cosas:

1) Soy terrible con todo lo tecnológico. Por ejemplo, apenas escuché acerca de Spotify hace unas semanas, en serio.

2) Amo el entrenamiento/nutrición y el "fitness" más que, bueno, muchísimas cosas. Entonces, hoy es un poco especial porque marca el día en el que mi amor por el entrenamiento venció mi miedo a la tecnología.

¿A qué me refiero?

Durante la mayor parte de un año, he estado participando en un proyecto gratuito de entrenamiento personal con la idea de ofrecer entrenamiento personal gratuito a cualquiera que estuviera dispuesto a donar entre $500 y $1.000 a una causa benéfica de su elección. De esta manera, no tendrían que estar motivados por lo mismo que yo, sino estar motivados para dar a su propia causa y beneficiarse a sí mismos. Cuando presenté la idea por primera vez, me sorprendió gratamente la cantidad de apoyo positivo que recibí.

Así que, casi un año después de mi primer cliente, ¡AHORA TENGO UN SITIO WEB! para mostrar formalmente algunas de las transformaciones que se han llevado a cabo utilizando mi programación y como un medio formal para que puedan ponerse en contacto conmigo e inscribirse.

ACTUALMENTE TENGO ALGUNOS ESPACIOS DISPONIBLES EN MI LISTA, ¡ASÍ QUE DÉJAME UNA NOTA RÁPIDAMENTE SI ESTÁS INTERESADO! ¡MUCHAS GRACIAS!

Tómate un segundo para ver algunas de las increíbles transformaciones en tiempo récord. ÉCHALES UN VISTAZO."

Definitivamente no es perfecta. Pero hacer es mejor que no hacer nada. Empieza.

Ejercicio n° 22: Haz tu primera publicación.

Publicar lista de verificacion diaria de contenido	
Quién:	Tú mismo
Qué:	Valor: Dar, dar, dar hasta que te pidan
Dónde:	Cualquier plataforma
A quién:	Personas que ya te siguen
Cuándo:	Todas las mañanas, 7 días a la semana
Por qué:	Genera confianza. Obtienes prospectos comprometidos
Cómo:	Publicaciones escritas, imágenes, videos, audios.
Cuánto:	100 minutos al día
Cuántas:	Tantas veces como la plataforma lo muestre.
Hasta cuándo:	El tiempo que sea necesario.

Próximos pasos

En primer lugar, empezamos con un contacto directo en caliente. Llegamos a todas las personas con las que tenemos permiso para contactar. En segundo lugar, publicamos los éxitos y las lecciones que hemos aprendido de nuestros primeros clientes. Publicamos testimonios. Aportamos valor. Luego, de vez en cuando, pedimos. Nos comprometemos a realizar estas dos actividades todos los días.

Sólo con estos dos métodos puedes llegar a tener un negocio de seis o siete cifras. Pero es posible que quieras ir más rápido. Así que pasamos de audiencias calientes que nos conocen a audiencias frías que no nos conocen. Empezamos a *llegar a desconocidos*. Así comienza el tercer paso de nuestro viaje publicitario: el contacto en frío.

UN REGALO PARA TI: Todo lo que he aprendido publicando contenidos

Tuve que recortar mucho material para hacer este libro llevadero. Si quieres saber la manera rápida y fácil de hacer contenidos que generen confianza en una audiencia, ve a Acquisition.com/training/leads. Y, si necesitabas otra razón además de "te hará ganar dinero"..., no te costará nada. Es gratis. Disfrútalo. Y como siempre, también puedes escanear el código QR si detestas teclear.

ESCANÉAME

Un acto de generosidad

"Quien dijo que el dinero no puede comprar la felicidad,
no ha regalado lo suficiente". – Desconocido

Las personas que dan sin esperar nada a cambio viven más tiempo, son más felices *y* ganan más dinero. Así que, si tenemos una oportunidad para eso durante nuestro tiempo juntos, maldita sea, voy a intentarlo.

Para ello, tengo una pregunta para ti...

<u>¿Ayudarías a alguien que nunca has conocido si no te costara nada, pero no obtuvieras crédito *por ello?*</u>

Te estarás preguntando ¿Quién es esa persona? Es alguien como tú. O, al menos, como eras tú. Con menos experiencia, queriendo marcar la diferencia y necesitando ayuda, pero sin saber dónde buscar.

La misión de Acquisition.com *es hacer que los negocios sean accesibles a todo el mundo*. Todo lo que hacemos se deriva de esa misión. Y, la única forma que tenemos de cumplir esa misión es llegando... bueno... a *todo el mundo*.

Aquí es donde entras tú en juego. De hecho, la mayoría de la gente, juzga un libro por su portada (y sus reseñas). Así que aquí va mi petición en nombre de un empresario en apuros al que nunca has conocido:

Por favor, ayúdalo dejando una reseña de este libro.

Tu regalo no cuesta dinero y tardarás menos de 60 segundos en hacerlo realidad, pero puede cambiar la vida de otro empresario *para siempre*. Tu reseña podría ayudar a...

...que una pequeña empresa más provea a su comunidad.

...que un empresario más mantenga a su familia.

...que un empleado más consiga un trabajo significativo.

...que un cliente más transforme su vida.

...un sueño más hecho realidad.

Para tener esa sensación de "gratificación" y ayudar a esta persona de verdad, todo lo que tienes que hacer es... y te llevará menos de 60 segundos... dejar una reseña .

Si estás en Audible, pulsa los tres puntos de la parte superior derecha de tu dispositivo, haz clic en "Valorar y reseñar", y escribe unas frases sobre el libro junto con una calificación de estrellas.

Si estás leyendo en Kindle o en un lector electrónico, desplázate hasta la parte inferior del libro, desliza el dedo hacia arriba y te pedirá que dejes una reseña.

Si por alguna razón esto cambiara, puedes ir a Amazon (o dondequiera que lo hayas comprado) y dejar una reseña directamente en la página del libro.

Si te sientes bien ayudando a un empresario sin rostro, eres mi tipo de persona.

Bienvenido a #mozination. Eres de los nuestros.

Estoy más emocionado por ayudarte a conseguir más clientes potenciales de lo que puedas imaginar. Te encantarán las tácticas que voy a compartir en los próximos capítulos. Gracias desde el fondo de mi corazón. Ahora, volvamos a nuestra programación habitual.

- Tu mayor fan, Alex

PD - Dato curioso: si proporcionas algo de valor a otra persona, te vuelve más valioso para ella. Si quieres que otro emprendedor te aprecie, y crees que este libro le ayudará, hazle saber de él.

Ejercicio n° 23: Si te ha gustado este cuaderno de trabajo hasta ahora, déjale una reseña.

3. Captación en frío

Cómo llegar a desconocidos para conseguir clientes potenciales comprometidos

"La cantidad tiene calidad propia" – Napoleón Bonaparte

Cómo funciona la captación en frío

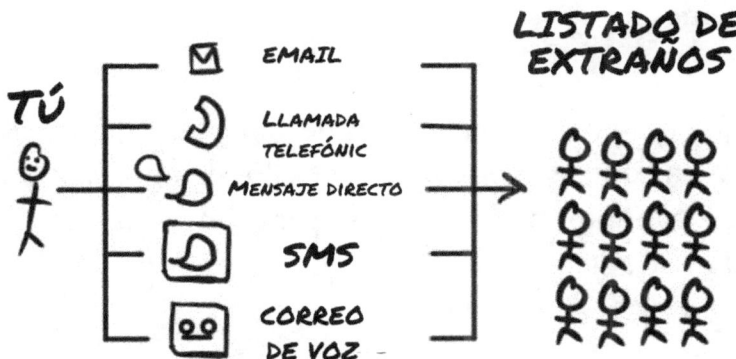

En este capítulo, nos centraremos en la comunicación privada uno a uno con la captación en frío. Para mayor contexto, la captación en frío se asienta sobre los cimientos de la captación en caliente. Considéralo como el primo más avanzado de la captación en caliente, que ya no está limitado por tu audiencia caliente.

La captación en frío tiene una diferencia clave respecto a la captación en caliente: la confianza. Los desconocidos no confían en ti.

Y en comparación con las personas que nos conocen, los desconocidos presentan <u>tres</u> problemas nuevos.

1) En primer lugar, no tienes una forma determinada de ponerte en contacto con ellos. Por supuesto.

2) Segundo, aunque puedas contactar con ellos, te ignoran.

3) Tercero, aunque te presten atención, no están interesados.

Permíteme describirte cómo se ven estos problemas en el mundo real.

<u>Si llamas a las puertas</u>, no tienes las direcciones. Y aunque las tengas, no abren la puerta cuando llamas. Y si abren, te mandan a pasear.

<u>Si envías correos electrónicos en frío</u>, no tienes sus direcciones de correo electrónico. Aunque las tengas, no abren el correo. Aunque lo hagan, no responden.

<u>Si envías mensajes directos</u>, no tienes dónde enviarlos. Aunque lo hagas, no lo leen. Aunque lo lean, no responden.

Ahora que ya nos hemos quitado eso de encima, el orden en que resolvemos estos problemas es el siguiente:

1) Conseguimos una forma de contactar con ellos

2) Averiguamos qué decirles

3) Nos ponemos en contacto con ellos hasta que estén preparados y puedan escuchar.

El resultado. Encontramos muchas formas de contactar con los desconocidos más calificados. Nos ponemos en contacto con muchos de ellos de muchas maneras y muchas veces. Luego, les abrumamos con valor por adelantado para conseguir que muestren suficiente interés como para seguir adelante.

Problema nº 1: "¿Pero cómo me pongo en contacto con ellos?" →Elabora una lista

Con la captación en frío, podemos elegir a nuestros objetivos en lugar de que ellos nos elijan a nosotros. Tengo tres formas distintas de obtener mis listas de clientes potenciales. En primer lugar, uso un programa informático para obtener una lista de nombres. En segundo lugar, pago a intermediarios para que me confeccionen una lista de clientes potenciales seleccionados. Y si ninguna de las dos cosas funciona, yo mismo elaboro manualmente una lista de nombres. Éste es el proceso.

- o <u>Paso nº 1 Softwares</u>: Me suscribo a tantos programas informáticos como puedo que extraen clientes potenciales de distintas fuentes. Los busco en función de mis criterios. El software me proporciona nombres, cargos, información de contacto, etc. Pruebo una muestra representativa, digamos unos cientos de cada programa que utilizo. Entonces, si la información de contacto está actualizada, los clientes potenciales son receptivos y son el tipo de persona que el programa dice que son, ¡bingo! Entonces consigo tantos clientes potenciales como el software me dé. Pero si no consigo encontrar al público adecuado, avanzo al segundo paso.

- o <u>Paso nº 2 Corredores</u>: Acudo a varios corredores de listas y les pido que me hagan una lista basada en mis criterios de audiencia. A continuación, me envían una muestra. Pruebo las listas de muestra de cada uno de los corredores. Si obtengo buenos resultados de uno o más corredores, me quedo con sus listas. Y si sigo sin encontrar a quien busco, avanzo hacia el tercer paso.

- o <u>Paso nº 3 Manos en la masa</u>: Me uno a grupos y comunidades que creo que tienen mi audiencia. Cuando encuentro personas que cumplen mis requisitos, compruebo si tienen formas de contactar con ellas en el directorio del grupo, como enlaces a sus perfiles en redes sociales, etc. Si es así, los añado a mi lista. Si no, puedo ponerme en contacto con ellos dentro de la plataforma que aloja al grupo. Prefiero encontrar la información de contacto fuera del grupo para no parecer alguien que sólo intenta sacar provecho de él para hacer negocios, *pero lo haré si es necesario.*

En resumen, trabajo desde los contactos más accesibles a los menos accesibles.

Ejercicio 24: Crea tu lista. Encuentra tu herramienta de rastreo buscando "herramientas de prospección" o "database de prospectos". Encuentra corredores de la misma manera. Con unos pocos clics, encontrarás lo que buscas. Reúne tus primeros 1000 nombres. Si tienes más tiempo que dinero, quizá quieras empezar por el paso tres, ya que sólo cuesta tiempo.

Consejo profesional: Los grupos de interés son la audiencia fría más cálida que puedes conseguir

Los grupos de interés contienen los clientes potenciales de mayor calidad, porque son grupos concentrados de personas que buscan una solución. Bríndales una. Hoy en día, existen softwares que pueden extraer información de estos grupos. Utilízalos. Son uno de mis lugares favoritos para pescar.

Problema nº 2: "Tengo mi lista, pero ¿qué les digo?" →Personaliza, luego brinda un gran valor rápidamente

Ahora que tienes tu lista de clientes potenciales, tienes que averiguar qué decirles. Hay dos factores importantes que enfatizo para conseguir que los desconocidos se comprometan: la *personalización* y entregar un *gran valor rápidamente*.

a) No nos conocen → Personaliza (actúa como si les conocieras). Para conseguir que más clientes potenciales se comprometan, queremos que el mensaje *parezca* que viene de alguien que conocen. La mejor forma de hacerlo es saber realmente algo sobre la persona con la que te pones en contacto, es decir, *personalizar*. Queremos que nuestro contacto *frío* parezca *un* contacto cálido.

Aquí te explico cómo. Consigue de uno a tres datos sobre el posible cliente. Después, los elogiamos basados en esos datos, e idealmente, les mostramos cómo nos ha beneficiado a nosotros. A las personas les gustan las personas que gustan de ellas. Aunque alguien no te conozca, te dedicará más tiempo si sabes algo de él. Podría ser algo así...

...Imagina que suena tu teléfono desde un número y prefijo desconocidos. ¿Atenderías la llamada? Probablemente no. ¿Y si el número es de tu prefijo? Es un poco más probable. ¿Por qué? Porque *podría ser alguien que conoces*. Para llevar este concepto más lejos, imagina que contestas el teléfono...

...La persona dice "<¿Tu nombre?>" y luego hace una pausa (como una persona normal). Dirías: "Sí... ¿quién es?". Ahora bien, si esa persona luego dijera: "Soy Alex...*luego hace una pausa*...He visto algunos de tus videos y he leído esa reciente entrada de blog que escribiste sobre adiestramiento canino. ¡Estuvo genial! Realmente me ayudó mucho con mi dóberman. ¡Es una bestia! El truco de la mantequilla de cacahuete me ayudó mucho. Gracias por eso".

Ahora puedes ocuparte del resto del guion porque has ganado tiempo.

Ejercicio n° 25: Investiga un poco sobre cada cliente potencial antes de contactar con él. Podemos hacerlo nosotros mismos, pagar a gente para que lo haga por nosotros o utilizar software. Haz este trabajo por lotes. Después, utiliza tus notas para averiguar qué es lo primero con lo que vas a abrir para *sentirte más familiarizado*. Nota: Si tienes los bolsillos más llenos, existe tecnología de personalización. Sólo tienes que buscar en Internet y encontrarás bases de datos que también te darán información relevante que puedes utilizar para hablar con un cliente potencial.

Consejo profesional: Aumenta un 50% la tasa de respuesta por correo electrónico

Tomé nuestra plantilla de contacto en frío y la reescribí a un nivel de lectura inferior al de tercer grado. Los resultados: *Respondieron un 50% más de clientes potenciales*. Ahora paso todos los guiones y mensajes por una app gratuita en línea que evalúe el nivel de lectura.

---

b) No confían en nosotros → Proporciona un gran valor rápidamente. Los desconocidos necesitan muchos más incentivos para acercarse a ti que tu audiencia caliente. Así que hazles la vida más fácil "tirando la casa por la ventana". No tratamos de despertar su interés, sino de hacerles volar la cabeza en menos de treinta segundos.

Puedes presentarles directamente tu oferta, u ofrecerles tu imán de prospectos, o ambas cosas. Da a la persona una razón de peso para responder. Si tu oferta/imán de prospectos no te funciona, sube la apuesta. Sigue ofreciendo más hasta que *sea tan buena que se sientan estúpidos si dicen que no*. O te compran, o tienen cosas buenas que decir de ti. Todos salen ganando.

Ejercicio n° 26: Anota claramente el gran valor rápido que piensas proporcionar a cada cliente potencial.

Problema n° 3: "No tengo suficientes oportunidades de hablar a la gente de mi increíble producto, ¿qué hago?" → Volumen

Una vez que tenemos nuestra lista de nombres, información personal y nuestro atractivo imán de prospectos, tenemos que conseguir que más desconocidos lo vean. Esto lo hacemos de tres formas. En primer lugar, automatizamos la entrega en la mayor medida posible. A continuación, automatizamos la distribución en la mayor medida posible. Por último, hacemos un seguimiento más veces y de más formas.

a) Entrega automatizada. En la medida de lo posible, la automatización de la entrega abre enormes posibilidades, ya que no es necesario que alguien comunique literalmente el mensaje al cliente potencial. Esto significa que consigues más clientes potenciales comprometidos por unidad de tiempo (aunque el porcentaje global de compromiso se menor). Esta es la diferencia entre la entrega manual y la automatizada.

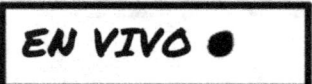

Ejemplos manuales: Una persona en vivo puede transmitir un guion a alguien por teléfono. Puede enviar una nota de voz personal a cada cliente potencial. Puede escribir una carta manuscrita a cada persona de la lista. Si una persona tarda tiempo en transmitir el mensaje cada vez, es manual.

Ejemplos automatizados: Podemos enviar una nota de voz pregrabada por mensaje directo a alguien. Podemos enviar un mensaje de voz pregrabado al buzón de voz de alguien. Podemos enviar correos electrónicos pregrabados a una bandeja de entrada o un texto pregrabado al teléfono de alguien. Podemos enviar un video pregrabado, etc. Grabas tu mensaje una vez y luego envías el mismo mensaje a todo el mundo.

b) Distribución automatizada. Una vez que tenemos nuestros mensajes preparados, tenemos que distribuirlos.

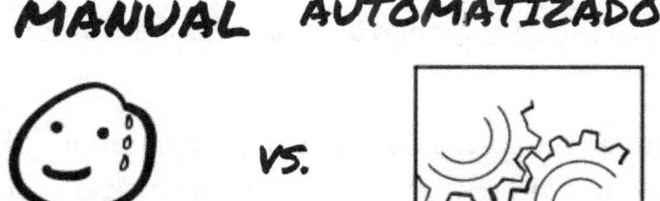

Ejemplos manuales: Marca cada número de teléfono. Pulsa enviar en cada correo electrónico, mensaje directo, texto, etc.

Ejemplos automatizados: Utiliza un robot para marcar varios números a la vez. Envía una ráfaga de 1.000 correos electrónicos, mensajes de texto, mensajes de voz a la vez, etc.

En general, sacrificas personalización por escala. Obtienes un mayor índice de respuesta con mensajes personalizados. *Cuantos menos clientes potenciales tengas, menos automatización deberías utilizar.*

Ejercicio 27: Busca herramientas que puedan automatizar partes de tu trabajo. Ejemplo: si realizas llamadas telefónicas cinco días a la semana, prueba un nuevo marcador o tecnología uno de los días y comprueba cómo funciona en comparación con tu marcador estándar.

c) Seguimiento. Más veces. Más formas. Hay dos formas adicionales de obtener más rendimiento de tu lista de nombres.

LISTADO DE CONTACTOS
NOMBRE...555-5555
NOMBRE...555-5555
NOMBRE...555-5555
NOMBRE...555-5555
NOMBRE...555-5555
NOMBRE...555-5555
NOMBRE...555-5555

HOY X 3...
MAÑANA...
PASADO MAÑANA...

Primero, intenta ponerte en contacto con ellos más de una vez. En segundo lugar, utiliza más de una forma de contactarte con ellos. Cuantas más formas y más veces intentes contactar con alguien, más probabilidades tendrás de dar con él. La gente responde a métodos diferentes. Por ejemplo, yo nunca respondo a las llamadas telefónicas. Pero respondo mucho más a los mensajes directos.

Me gusta enviar primero un correo electrónico. ¿Sabes por qué? Porque la mayoría de la gente no responde. Si alguien no responde a uno de tus métodos de contacto, úsalo como motivo para hacer un seguimiento con otro método. *"Oye, te estoy llamando para hacer un seguimiento de mi correo electrónico"*. O conseguimos una respuesta o una razón real para volver a contactarlos. En cualquier caso, ganamos.

Y cuando consigas concertar una cita, espera más de una conversación. Recuerda que estamos contactando con completos desconocidos. La captación requiere más puntos de contacto con personas que no te conocen. Así que espera de dos a tres conversaciones antes de una venta de mayor cuantía. Intenta conseguir menos, pero espera más cuando empieces.

<u>En resumen</u>: Actúa como si *de verdad estuvieras* intentando contactar con esas personas, en lugar de pasar por el aro, y probablemente lo consigas.

Ejercicio nº 28: Ponte en contacto con cada cliente potencial varias veces y de múltiples formas.

A continuación, cuando termines de contactar con tu lista, vuelve a empezar por el principio. Esto funciona por tres razones. En primer lugar, porque es posible que no hayan visto tu primera serie de mensajes. En segundo lugar, aunque lo hayan visto, puede que no haya sido un buen momento para responder. Y en tercer lugar, sus circunstancias pueden haber cambiado. Puede que entonces no te necesitaran, pero que ahora te necesiten desesperadamente. Así que vuelve a intentarlo dentro de tres o seis meses y consigue un grupo completamente nuevo de clientes potenciales comprometidos *a partir de la misma lista*.

Ejercicio nº 29: Fija un recordatorio para dentro de tres o seis meses. Después, vuelve a contactarlos. Consejo: Si eres nuevo en un equipo de difusión, sigue al mejor del equipo y haz el doble de su volumen de contactos. Mejorarás en la mitad de tiempo.

Tres problemas que los desconocidos generan →Resueltos

Estructuré el libro en este orden para que cada sección se construya sobre la anterior. Empieza con alcance en caliente. Consigue algunas respuestas. Publica algo de contenido para hacer crecer tu audiencia caliente. Consigue aún más respuestas. Entonces, estarás preparado para los contactos en frío.

Y ahora, hemos resuelto los tres problemas principales que generan las audiencias frías: encontrar la lista adecuada de personas, conseguir que te presten atención y lograr que se comprometan. ¡Victoria!

Puntos de referencia: ¿cómo lo estoy haciendo?

Todo se reduce a lo que ganas frente a lo que gastas en mano de obra para conseguirlo. Para calcular nuestro retorno de la publicidad, sumamos todos los costos de mano de obra y software asociados a los pasos del uno al tres de la antepenúltima sección.

Imaginemos que tenemos un equipo haciendo llamadas en frío:

- Les pagamos $15 por hora y $50 por cita concertada.

- Obtenemos $3.600 de ganancias por venta.

- Los clientes potenciales nos cuestan diez centavos.

- Llaman a 200 clientes potenciales al día.

- Probablemente un representante consiga dos citas al día.

- Si trabajaran ocho horas al día, pagaríamos $120 en mano de obra y $100 en comisiones por cita concertada por cada representante y $20 por los clientes potenciales.

- Esto significa que pagaríamos $240 por dos citas concertadas o $120 por cita.

- Si cerráramos el 33% de las presentaciones en las citas, nuestro costo para conseguir un cliente (excluyendo las comisiones) sería de $360.

- Como obtenemos una ganancia de $3.600 por cliente nuevo, obtendríamos un rendimiento de 10:1.

La regla general en los negocios es que quieres estar por encima del 3:1 de rentabilidad. Personalmente, yo apunto mucho más alto, porque me gusta ganar más dinero. Así es como funciona la captación en frío. Luego, sólo tienes que añadir más empleados. Si tienes empleados, dales un número fijo de prospectos para cada uno. De este modo, puedes obligarlos a cumplir cuotas. Es algo que me ha funcionado bien a mí.

Esto suena difícil, ¿por qué molestarme?

La mayoría de la gente subestima drásticamente la cantidad de volumen que se necesita para utilizar el alcance en frío. También subestiman el tiempo que lleva. Pero utilizar la captación en frío tiene siete *enormes* ventajas:

1) No necesitas crear muchos contenidos ni anuncios.

2) Tu competencia no sabrá lo que haces porque todo es privado.

3) Es increíblemente confiable.

4) Menos cambios de plataforma. Las plataformas públicas cambian sus reglas constantemente, en cambio las de comunicación privada, como las llamadas y correos electrónicos, rara vez lo hacen.

5) El cumplimiento es menos doloroso.

6) Sin portavoz = Negocio vendible. No requiere tu cara para funcionar.

7) Es difícil para tus competidores copiar un sistema de captación masivo en frío.

Tu turno

Si recuerdas nuestra lista de comprobación de publicidad, este es el comienzo de tu viaje para conseguir más clientes potenciales comprometidos con la captación en frío. Empiezas con esto cuando te quedas sin gente a la que hacer publicidad o, simplemente, porque quieres más. Aquí tienes un ejemplo.

Lista de comprobación de Contactos en frío	
Quién:	Tú mismo
Qué:	Gancho + Imán de prospectos/Oferta principal
Dónde:	Cualquier plataforma privada de comunicación
A quién:	Listados: recopilados, comprados o software utilizado
Cuándo:	Todos los días, 7 días a la semana
Por qué:	Obtener prospectos comprometidos para lograr venderles
Cómo:	Llamadas en vivo, envío de mensajes de voz, envío masivo de correos electrónicos, envío masivo de mensajes de texto, mensajes directos de texto, mensajes de video, mensajes de voz, envío directo por correo, tarjetas escritas a mano, etc.
Cuánto:	100 al día
Cuántas:	Día 1 .- 2x, Día 2 - 2x, Día 7 - 1x
Hasta cuándo:	El tiempo que sea necesario.

Consejo profesional: Cuenta de 100 en 100

Este es un juego de volumen. Necesitarás hacer mucho volumen, de manera eficiente, para obtener los resultados que deseas. No te fijes un objetivo diario inferior a 100. Y no pares durante 100 días como mínimo. Si estableces 100 contactos durante 100 días seguidos, te prometo que empezarás a conseguir nuevos prospectos comprometidos.

Próximo paso

Ahora que has establecido tu compromiso con este método de captación en frío, pasamos a lo último que puede hacer una persona para publicitarse: publicar anuncios pagos.

UN REGALO PARA TI: Ejemplos de guiones de captación en frío

He tenido que recortar guiones para que este libro tenga una extensión manejable. Si quieres tomar mis guiones como modelo para los tuyos, ve a Acquisition.com/training/leads. Y, si necesitabas otra razón además de 'te hará ganar dinero', no te costará nada. Es gratis. ¡Disfrútalo! Y como siempre, también puedes escanear el código QR de abajo si odias teclear.

ESCANÉAME

4. Ejecutar anuncios pagos Parte I: Cómo crear un anuncio

Cómo publicitar públicamente a desconocidos

La publicidad es el único casino en el que, con suficiente habilidad, te conviertes en la casa.

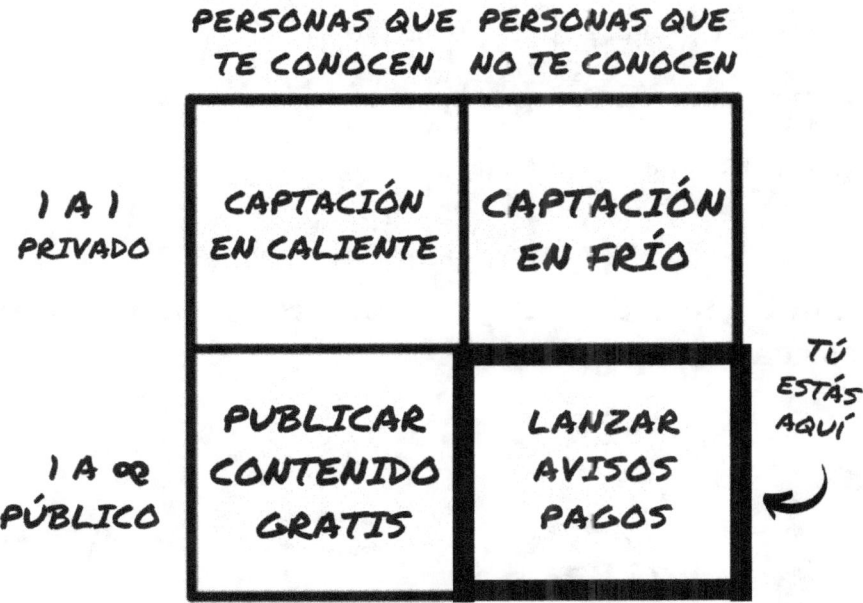

CUATRO PILARES BÁSICOS

	PERSONAS QUE TE CONOCEN	PERSONAS QUE NO TE CONOCEN
1 A 1 PRIVADO	CAPTACIÓN EN CALIENTE	CAPTACIÓN EN FRÍO
1 A ∞ PÚBLICO	PUBLICAR CONTENIDO GRATIS	LANZAR AVISOS PAGOS

TÚ ESTÁS AQUÍ

Cómo funcionan los anuncios pagos

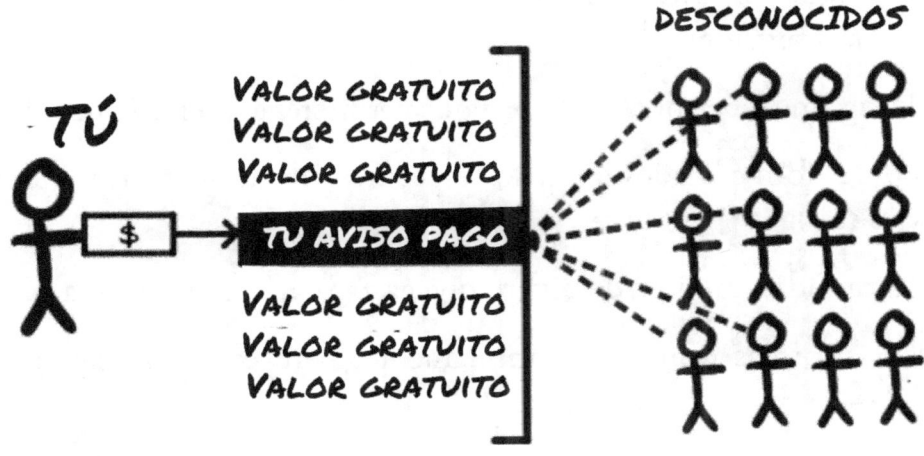

LANZAR AVISOS PAGOS

TÚ

$

VALOR GRATUITO
VALOR GRATUITO
VALOR GRATUITO
TU AVISO PAGO
VALOR GRATUITO
VALOR GRATUITO
VALOR GRATUITO

DESCONOCIDOS

Los anuncios publicitarios pagos ofrecen una forma rápida de llegar a audiencias frías a escala, pagando por acceder a la audiencia de otra empresa. Aunque son más arriesgados que otros métodos, si se hacen bien, los anuncios pagos pueden generar más clientes potenciales que cualquier otro método. A diferencia de otros métodos, tu alcance está garantizado. Lo difícil es lograr la eficacia: equilibrar cuánto gastas y cuánto obtienes a cambio.

Los anuncios de pago nos plantean cuatro nuevos problemas que resolver. Vamos a desglosarlos juntos:

1) Saber dónde hacer publicidad

2) Conseguir que lo vea el público adecuado

3) Crear el mejor anuncio para que lo vean

4) Conseguir permiso para contactar con ellos

Paso 1: "¿Pero dónde me anuncio?" → Encuentra una plataforma en la que se cumplan estos cuatro requisitos

Las plataformas distribuyen contenidos a una audiencia. Y dondequiera que haya una audiencia, normalmente puedes anunciarte. Esto es lo que busco en una plataforma en la que quiero anunciarme:

- La he utilizado y he sacado provecho de ella como consumidor. Así que tengo una idea de cómo funciona.

- Puedo dirigirme a personas de la plataforma interesadas en lo que ofrezco.

- Sé cómo dar formato a los anuncios específicos de la plataforma (tema que trataré en el paso tres).

- Tengo la cantidad mínima de dinero que gastar para publicar un anuncio.

...Y sí, las plataformas cambian continuamente, pero estos principios siguen siendo los mismos.

Ejercicio n° 30: Elige una plataforma que cumpla los cuatro requisitos. Empieza a consumir los anuncios de esa plataforma. Si no estás seguro, empieza en la plataforma que más utilicen tus competidores.

Paso 2: "¿Pero cómo consigo que lo vean las personas adecuadas?" → Dirígete a ellos

Encuentras a las personas adecuadas eligiendo primero la plataforma adecuada. Luego, intentas que vea tu anuncio el mayor número de personas que crees que comprarán tus productos. Entonces, hacemos la segunda ronda *dentro* de la propia plataforma. Las plataformas publicitarias modernas tienen dos formas de segmentar. Puedes utilizarlas por separado o combinarlas:

1) <u>Dirigirte a un público similar.</u> Las audiencias similares son una herramienta de segmentación de las plataformas publicitarias modernas. Tú proporcionas una lista de contactos, y la plataforma encuentra usuarios similares a los que mostrar tus anuncios. Cómo hacerlo: sube una lista de tus clientes actuales y anteriores. Añade contactos calientes y contactos fríos para llegar al mínimo requerido por la plataforma, si es necesario.

2) <u>Segmentar con factores de tu elección.</u> Las opciones de segmentación incluyen: edad, ingresos, sexo, intereses, tiempo, ubicación, etc. Los filtros básicos sobre el público similar generado por la plataforma son una forma sencilla de conseguir que vean tus anuncios un mayor número de las personas adecuadas. Resultado final: anuncios más eficaces.

> **Consejo profesional: Segmentación local**
>
> Como los mercados locales ya son *pequeños* en comparación con los nacionales, no querrás añadir muchos más filtros. Sé lo más específico posible, pero no más. El mercado local por sí solo ya es el 0,1% de un país, así que ya está bastante limitado.

Cuantos más filtros uses, más específica será la lista. Cuanto más específica sea la lista, más eficaces serán tus anuncios, pero más rápido la "quemarás". Sin embargo, esta especificidad te permitirá obtener más victorias al principio. Las ganancias de audiencias específicas más pequeñas ahora, te proporcionan el dinero para anunciarte a audiencias mayores y más amplias más adelante. *Así es como se escala.*

Ejercicio 31: Crea un público al que dirigirte.

Paso 3: "Pero, ¿qué debe decir mi anuncio?" → Convocatoria + Valor + Llamada a la acción (CTA)

Mis mejores anuncios tienen tres componentes:

1) Llamadas de atención: tengo que conseguir que los clientes potenciales se fijen en mi anuncio.

2) Valor: tengo que conseguir que se interesen por lo que ofrezco.

3) Llamadas a la acción: tengo que decirles qué hacer a continuación

1) Llama de atención: Que la gente se fije en tu anuncio es la parte más importante del anuncio... y realmente hace la diferencia.

Imagina que estás en un cóctel en un gran salón de baile. Mucha gente hablando en grupos. De fondo suena música a todo volumen. En medio de todo ese ruido, un único sonido atraviesa todo y te das la vuelta. ¿Quieres saber cuál es ese sonido? Tu nombre. Lo oyes *e instantáneamente* buscas la fuente.

Una convocatoria *es cualquier cosa que hagas para llamar la atención de tu audiencia.* Las llamadas de atención van desde hiperespecíficas -para captar la atención de una persona- a nada específicas -para captar la atención de todo el mundo. Permíteme explicarlo. Si a alguien se le cae una bandeja de platos, *todo el mundo* mirará. Si un niño grita "¡MAMÁ!", *las madres* mirarán. Si alguien dice tu nombre, sólo *tú* miras. Pero, nuevamente, todos llaman la atención. Y yo intento que mis llamadas sean lo suficientemente específicas como para captar a las personas adecuadas *y* lo suficientemente amplias como para captar a tantas como pueda. Así que presta mucha atención a cómo utilizan las llamadas de atención los anunciantes, especialmente los que se dirigen a tu audiencia.

Esto es lo que busco con las llamadas de atención verbales: *utilizar las palabras para llamar la atención:*

1) <u>Etiquetas</u>: Una palabra o conjunto de palabras que *agrupen* a las personas. Incluyen características, rasgos, títulos, lugares y otros descriptores. Por ejemplo: *Madres del condado de Clark* *Propietarios de gimnasios* *Trabajadores a distancia* *Busco XYZ*, etc. Para que sea más eficaz, *tus clientes ideales deben identificarse con la etiqueta.*

2) <u>Preguntas afirmativas</u>: Preguntas en las que si la gente responde "sí, soy yo", se califican a sí mismos para la oferta. Por ejemplo: *¿Te levantas a orinar más de una vez por noche?* *¿Tienes problemas para atarte los zapatos?* *¿Tienes una casa que vale más de 400.000 $?*.

3) <u>Declaraciones "Si-Entonces"</u>: *Si* cumplen tus condiciones, entonces les ayudas a tomar una decisión. *Si gastas más de $100.000 al mes en anuncios, podemos ahorrarte un 20% o más... *Si naciste entre 1978 y 1986 en Muskogee Oklahoma, puedes acogerte a una demanda colectiva...*Si quieres XYZ, presta atención...*.

4) <u>Resultados ridículos</u>: Cosas bizarras, extrañas o fuera de lo común que alguien desearía. *Los clientes están furiosos. Clientes furiosos* *Esta mujer ha perdido 15 kilos comiendo pizza y despidió a su entrenador* *El gobierno reparte cheques de mil dólares a quien pueda responder a tres preguntas*, etc.

Las llamadas de atención no tienen por qué ser sólo palabras. También pueden ser ruidos o elementos visuales del entorno. Volvamos al cóctel. Seguro que una bandeja de platos caída llamaría la atención de todo el mundo, pero también lo haría el chasquido de un cuchillo contra una copa de champán. Ambos captan la atención de todo el mundo por motivos diferentes: uno indica un desastre embarazoso y el otro una noticia importante... *pero, en cualquier caso, todo el mundo quiere saber qué ocurre a continuación.* <u>Así que, si la plataforma lo permite, los buenos anunciantes utilizan las llamadas de atención verbales y no verbales a la vez.</u>

Esto es lo que busco con las llamadas de atención no verbales: *utilizar el escenario y el portavoz para llamar la atención:*

1) Contraste: Cualquier cosa que "destaque" en los primeros segundos. Los colores. Los sonidos. Los movimientos, etc. Fíjate en lo que te llama la atención.

2) Semejanza: Piensa visualmente *mostrando* etiquetas: características, rasgos, títulos, lugares y otros descriptores con los que la gente se identifique. La gente quiere trabajar con personas que tienen un aspecto, hablan y actúan de un modo que les resulte familiar (y puede que tú no tengas un aspecto, hables o actúes de un modo que les resulte familiar). Por lo tanto, si atiendes a una amplia base de clientes, utiliza más etnias, edades, géneros, personalidades, etc. en tus anuncios. Si atiendes a una cartera de clientes reducida (por ejemplo, dispositivos médicos para personas mayores), recurre a personas que se parezcan a ellos.

3) La escena: Piensa en *mostrar* las preguntas Sí y las afirmaciones Si-Entonces. Ejemplo: Un anuncio con una persona dando vueltas en la cama llama a las personas con problemas de sueño.

> **Ejercicio 32: Graba unos diez anuncios nuevos cada semana. Pero, graba treinta o más primeras frases o preguntas para empezar el anuncio.** Con treinta llamadas de atención y diez anuncios principales puedes hacer trescientas variaciones en cuestión de horas. Una vez que sepas cuál es la mejor convocatoria, aplícala a todos los anuncios.

2) Haz que se interesen. Haz que los beneficios parezcan tan grandes como sea posible y que los costos parezcan tan pequeños como sea posible. Esto hace que una oferta o imán de prospectos sea lo más valiosa posible y consigue los clientes potenciales más comprometidos gracias a ello. Responde claramente a la pregunta: ¿por qué debería interesarme lo tuyo? Yo utilizo el marco Qué-Quién-Cuándo.

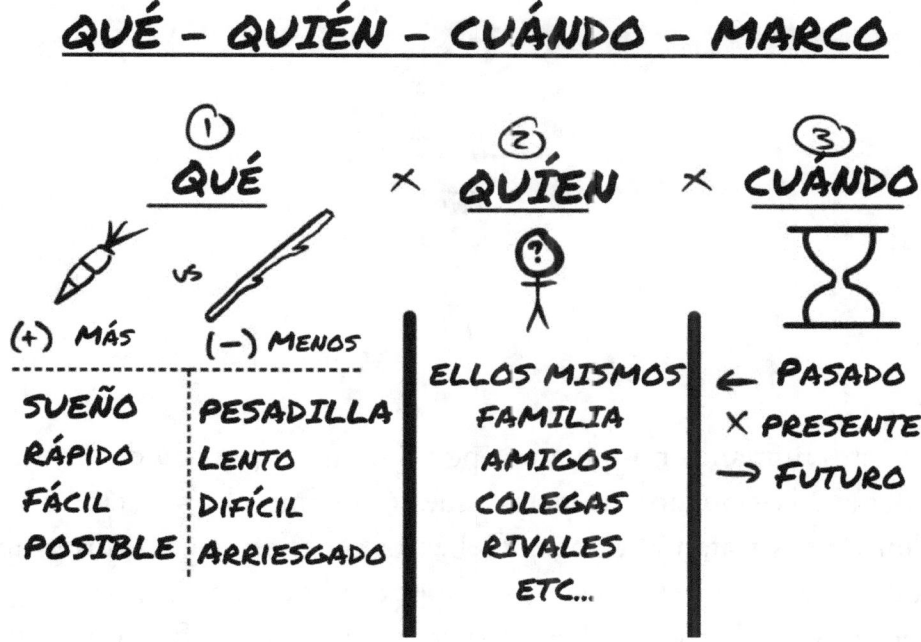

Empecemos por el Qué: ocho elementos clave:

- **Resultado soñado:** Muestra el máximo beneficio alcanzable con tu producto/servicio.

- **Lo opuesto (Pesadilla):** Destaca el dolor de prescindir de tu solución.

- **Probabilidad percibida de éxito:** Menor riesgo percibido de fracaso.

- **Lo opuesto (Riesgo):** Haz hincapié en el riesgo de no actuar.

- **Aplazamiento temporal:** Demuestra la lentitud del progreso o el estancamiento sin tu solución.

- **Lo opuesto (Velocidad):** Demuestra lo rápido que conseguirán sus objetivos con tu oferta.

- **Esfuerzo y Sacrificio:** Ilustra el trabajo y la habilidad necesarios para obtener resultados sin tu solución.

- **Lo opuesto (Facilidad):** Demuestra cómo tu solución reduce el esfuerzo y preserva lo que les gusta hacer.

Ésos son los 8 elementos clave que abordan los deseos, temores y percepciones del cliente potencial sobre la consecución de sus objetivos, posicionando tu producto o servicio como la solución ideal. Ahora entendemos perfectamente El Qué: cómo proporcionamos los cuatro elementos de valor y cómo evitamos sus cuatro opuestos. Ahora pasamos al siguiente elemento: El Quién.

Quién: Los seres humanos nos guiamos por el estatus, que está determinado por cómo nos tratan los demás. Los buenos anuncios muestran cómo el producto/servicio cambia la forma en que los demás tratan al cliente. Debemos tener en cuenta dos grupos clave: Los clientes que ganan estatus (tus clientes) - *y* - las personas que dan estatus (cónyuge, hijos, familia, colegas, jefes, amigos, rivales). Las perspectivas múltiples ofrecen múltiples formas de demostrar la mejora del estatus del cliente potencial. Esto nos brinda más formas de mostrar los beneficios más allá de la experiencia directa del cliente.

Ejemplos:

- Para perder peso: Un modelo a seguir para sus hijos, mejora de la salud de su cónyuge mediante la motivación, un posible ascenso en el trabajo.

- Para los negocios: Menos quejas del cónyuge si algo no tiene riesgos, sus hijos notarán menos estrés, los competidores notarán su éxito.

Aplica cada perspectiva del QUIÉN a cada impulsor de valor QUÉ para crear montones de historias y ángulos. Esto me lleva a la tercera lente del marco Qué-Quién-Cuándo: El Cuándo.

Cuándo: El elemento "Cuándo" en la creación de anuncios se centra en ampliar la perspectiva del posible cliente a lo largo de su línea temporal:

1) Considerando las consecuencias pasadas, presentes y futuras de sus decisiones.

2) Visualizando escenarios tanto desde la perspectiva del posible cliente como desde la de los demás.

3) Destacando los resultados negativos que deberán evitar sin el producto/servicio.

4) Contrastándolos con los resultados positivos si compran.

5) Combinando motivadores "hacia el bien" y "lejos del mal".

Utiliza este enfoque cronológico para crear ángulos mejores y más variados en tus anuncios para encontrar el mensaje que mejor resuene con tu cliente potencial.

Juntando el Qué, el Quién y el Cuándo, respondemos al *POR QUÉ deberían estar interesados.*

Cuando combinamos:

- todo lo que podemos para que el cliente potencial *se dirija hacia* los cuatro impulsores de valor, *alejándolos* al mismo tiempo de sus opuestos

- las múltiples perspectivas que podemos mostrarles para que ganen estatus, *y*

- los diferentes plazos para cada...

...Esto se suma al *porqué* deberían estar interesados. Ahora, ¡tenemos muchas formas de despertar su interés! Y cuantos más ángulos cubramos, más interesados estarán.

> **Consejo profesional: Encuentra inspiración sin límites.**
>
> Muchas plataformas tienen una base de datos de anuncios pasados y presentes. A partir de este momento, si buscas "[PLATAFORMA] biblioteca de anuncios" en un buscador, en unos pocos clics los encontrarás. Si ves un anuncio que se mantiene durante mucho tiempo (un mes o más), puedes dar por hecho que es rentable. Luego, toma nota de las llamadas de atención que utilizan, cómo ilustran los elementos de valor y sus llamadas a la acción (CTA). Busca <u>las palabras que utilizan</u> y <u>cómo las demuestran</u>. Desglosa unos cincuenta anuncios y tendrás una gran ventaja para crear tus propios anuncios ganadores.

Ejercicio n° 33: Busca en la biblioteca de anuncios de cualquier plataforma para desglosar 50 o más anuncios de tus competidores e identifica el Qué, el Quién y el Cuándo. Utilízalos de modelo para tus primeros anuncios.

3) Llamado a la acción (CTA) - Diles qué hacer a continuación

Si tu anuncio consiguió que se interesen, entonces tu público tendrá una gran motivación... durante un tiempo minúsculo. Aprovéchalo. <u>Diles *exactamente* qué hacer a continuación. Haz que los CTA sean rápidos y fáciles.</u> Números de teléfono fáciles, botones obvios, sitios web sencillos.

Paso 4: «¿Cómo consigo su información?» → Obtén el permiso para contactarte con ellos

Después de que realicen la acción: Obtén-Su-Información-de-Contacto. Mi forma favorita de obtener información de contacto es mediante una sencilla página de aterrizaje. Aquí tienes mis tres plantillas favoritas. Elige una y empieza a probar.

Y haz que tus páginas de destino coincidan con tus anuncios en todo lo posible. Querrás que tengan una experiencia continua "desde el clic hasta el cierre".

Consigue que más personas realicen más pasos recordándoles la acción que acaban de realizar (CTA). Y mostrándoles cómo la siguiente acción se alinea con ella, conseguirás que más gente realice la segunda acción (brindarte su información de contacto).

Ejercicio n° 34: Construye tu primera página de aterrizaje. Construye una página de aterrizaje o págale a alguien para que lo haga por ti. Te llevará 10 minutos o $200. Paga con lo que menos valores de ambos. **Ahora, publica tu anuncio.**

En el capítulo siguiente analizaremos qué tan bien lo hicimos y cómo adaptarnos.

4. Ejecutar anuncios pagos Parte II: Cuestiones de dinero

"Sólo intento comprar un dólar y venderlo por dos" – Proposition Joe, The Wire

Toda la publicidad funciona. Lo único que difiere entre los anuncios es *qué tan bien* funcionan. Todo depende *del retorno de tu inversión.* Y con los anuncios pagos está más claro que el agua, porque tú inviertes X dólares para que la gente vea el anuncio y obtienes Y dólares si compran lo que vendes.

Este capítulo responde a cuatro grandes preguntas sobre los anuncios, tal y como yo los entiendo:

- ¿Cuánto debo gastar? → Las tres fases del escalado de anuncios

- ¿Cómo sé qué tan bien lo estoy haciendo? → Costos y puntos de referencia

- Si mis anuncios no son rentables, ¿qué hago? → Adquisiciones financiadas por el cliente.

- ¿Qué me gustaría haber sabido antes de publicar mi primer anuncio de pago? → Lecciones

"Pero, ¿cuánto debo gastar en anuncios pagos?"→ Las tres fases del escalado de los anuncios pagos

En mi opinión, gastar dinero en anuncios consta de tres fases:

Primera fase: Haz un seguimiento del dinero. Antes de gastar un dólar en anuncios, configúralo todo para que puedas hacer un seguimiento preciso de tus ganancias. Mira un tutorial sobre cómo hacerlo o págale a alguien. Es copiar y pegar.

Segunda fase: Pierde dinero (lo digo un poco en broma). Yo prefiero llamarlo "invertir en una máquina de imprimir dinero". Perderás más veces de las que ganes, pero cuando ganes, ganarás a lo grande. Calcula un presupuesto del doble del valor del efectivo del cliente a 30 días cuando pruebes nuevos anuncios. Esta fase se trata de aprender qué funciona y construir una estrategia publicitaria sólida, lo que puede implicar algunas pérdidas iniciales, pero valdrá la pena a largo plazo.

Tercera fase: Imprimir dinero. Cuando ganas más de lo que gastas, la respuesta es sencilla: gasta todo lo que puedas. Invierte tu presupuesto a partir de tus objetivos de ventas. Si la cifra te aterroriza, es que lo estás haciendo bien. Confía en los datos. Así es como se escala, y por eso la mayoría de la gente nunca lo hace.

"¿Qué tan bien lo estoy haciendo?" - Costo y rentabilidad - Indicadores de eficiencia

Los anuncios pagos eficientes generan más dinero del que cuestan. Yo mido la eficiencia comparando el beneficio bruto de por vida de un cliente (BBPV) con el costo de adquisición de un cliente (CAC). El BBPV es todo el dinero que gasta un cliente en tu empresa menos el dinero que cuesta entregárselo. Es el dinero real que utilizas para hacer funcionar tu negocio.

Un buen ratio BBPV/CAC es de al menos 3 a 1. Las empresas que luchan por escalar suelen tener ratios inferiores a éste.

Dos grandes palancas para mejorar el ratio BBPV:CAC

1) Reduce el CAC - Consiguiendo clientes más baratos mediante anuncios más eficientes.

2) Aumenta el BBPV - Aumentando cuánto ganas por cliente con un mejor modelo de negocio.

<u>Yo prefiero hacer las dos cosas para obtener el máximo beneficio.</u>

A menudo, los empresarios piensan que sus anuncios son malos (CAC alto) cuando en realidad tienen un modelo de negocio malo (BBPV bajo). La diferencia entre ganadores y perdedores suele ser cuánto ganan con cada cliente.

Para saber dónde centrarte, utiliza el CAC medio del sector como guía. Si tu CAC es inferior a 3 veces la media del sector, céntrate en tu modelo de negocio. Si está por encima, céntrate en la publicidad.

Recuerda que los costos sólo pueden aproximarse a cero, pero lo que ganas puede subir hasta el infinito. Aumentar la eficacia publicitaria más allá de un cierto punto es como intentar "ahorrar" para llegar a mil millones de dólares.

"Mis anuncios no son rentables, ¿cómo puedo solucionarlo?" → Adquisición financiada por el cliente

Para muchas empresas, el BBPV es mayor que el CAC, pero no después de la primera compra. Este problema de flujo de caja paraliza tu capacidad de escalar en publicidad. Pero si tu cliente gasta más de lo que cuesta conseguirlo y satisfacerlo en los primeros 30 días, tienes una adquisición financiada por el cliente.

Ejemplo:

— $15/mes afiliación, $5 la entrega = $10 beneficio bruto/mes

— Promedio de permanencia de clientes 10 meses = $100 BBPV

— Si el CAC es de $30, la relación LTGP:CAC es de 3,3:1

Problema: Gastaste $30 en anuncios y sólo recuperaste $10 inicialmente.

Solución: Venderle inmediatamente más cosas

— Venta adicional de $100 (márgenes del 100%) que 1 de cada 5 clientes acepta = venta adicional promedio de $20 por cliente

— Así pasamos de 10 a 30 dólares en los primeros 30 días, alcanzando el punto de equilibrio.

Ahora puedes conseguir otro cliente mientras cobras $10 de ganancias/mes durante 9 meses más. Así es como se imprime dinero.

Conclusión: Consigue que los clientes te amorticen el dinero en los primeros 30 días para poder hacer recircular el efectivo y conseguir más clientes. Así es como he conseguido que *muchas* empresas superen el millón de dólares al mes en 12 meses sin financiación externa.

Lecciones personales de los anuncios pagos

1. No confundamos los problemas de ventas con los de publicidad. El costo de conseguir clientes no sólo proviene de la publicidad. Si los clientes potenciales tienen el problema que tú resuelves y dinero para gastar, pero no compran, tienes un problema de ventas, no de publicidad.

2. Tu mejor contenido gratuito puede dar lugar a los mejores anuncios de pago. Los contenidos gratuitos que generan ventas o tienen un buen rendimiento suelen ser excelentes anuncios de pago. El contenido generado por el usuario (CGU), como los testimonios o las reseñas de los clientes, también pueden ser anuncios excelentes. Disponer de un sistema para fomentar estas publicaciones de los clientes es una forma sencilla de conseguir un flujo constante de anuncios potenciales.

3. Si dices que eres pésimo en algo, probablemente lo serás. Nunca digas "no entiendo la tecnología" u "odio las cosas tecnológicas". Eso sólo te empobrece. Decir esto durante años puede hacerte perder tiempo y dinero, pero un esfuerzo enfocado puede revertirlo rápidamente. "Si este idiota puede hacerlo, yo también".

Tu turno

Puedo enseñarte a poner un anuncio en veinte minutos. Te costará $100. Valdrá la pena porque aprenderás que poner anuncios es más fácil de lo que crees. Las plataformas gastan millones en hacerlo lo más sencillo posible. Sólo tienes que buscar "CÓMO COLOCAR UN ANUNCIO EN [PLATAFORMA]" y gastarte $100 en colocar uno. Empieza con una cantidad aceptable de dinero que estés dispuesto a perder cada mes, esperando perderlo mientras aprendes, no mientras ganas.

Lista de comprobación diaria de anuncios de pago	
Quién:	Tú mismo
Qué:	Tu oferta
Dónde:	Cualquier plataforma /audiencia a la que puedas comprar acceso
A quién:	Público objetivo o similar
Cuándo:	Todos los días, 7 días a la semana
Por qué:	Obtener prospectos comprometidos para lograr venderles
Cómo:	Anuncios + CTA (llamado a la acción)
Cuánto:	Elaboración de un presupuesto, luego invertirlo en un objetivo de ventas
Cuántas:	30 + llamados de atención x 10 Avisos publicitarios
Hasta cuándo:	El tiempo que sea necesario.

UN REGALO PARA TI: Formación adicional - La vía rápida de los anuncios pagos

La publicidad de anuncios pagos es la vía rápida. Es de alto riesgo y alta recompensa. Grabé un desglose más profundo de los marcos de anuncios pagos que me han servido para distintos sectores y rangos de precios. Puedes encontrarlo aquí de forma gratuita, como siempre: Acquisition.com/training/leads. Mi regalo para ti: dinero que ganarás en el futuro. Y como siempre, también puedes escanear el código QR de abajo si detestas teclear.

ESCANÉAME

Los cuatro pilares fundamentales potenciados: Más, Mejor, Nuevo

"Si al principio no tienes éxito, recurre a la fuerza".

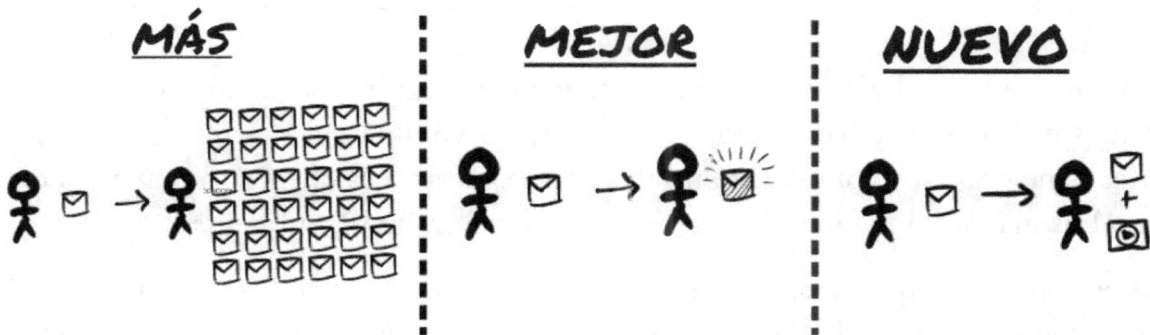

Cómo conseguir aún más clientes potenciales: Más - Mejor - Nuevo

¿Qué ocurre si estás aplicando los pilares y sigues sin conseguir tantos clientes potenciales comprometidos como deseas? Hay tres maneras de potenciar *cualquiera* de *los* cuatro puntos básicos para conseguir más clientes potenciales comprometidos *por tu cuenta*: **Más, Mejor, Nuevo**.

En pocas palabras:

1) Puedes hacer *más* de lo que haces actualmente.

2) Puedes hacer *mejor* lo que haces actualmente.

3) Puedes hacerlo en algún lugar *nuevo*.

Así que empecemos por la que hago primero: *Más*.

Más

La siguiente cosa obvia que puedes hacer para conseguir más clientes potenciales comprometidos es hacer *más* publicidad. *Aumenta el volumen al máximo de tu capacidad. Incluso sin mejoras, si duplicas tus entradas, conseguirás más clientes potenciales comprometidos. Los mayores incrementos suelen venir de hacer *más* publicidad.

Así es cómo **yo hago *más***: La Regla de 100. Haz 100 acciones básicas cada día, durante 100 días seguidos. Si haces esto, conseguirás más clientes potenciales comprometidos. Comprométete con la regla de los 100 y nunca volverás a pasar hambre.

Ejercicio nº 35: Haz la regla de 100.

☐ Alcances en caliente: 100 contactos al día
☐ Publicar contenido: 100 minutos al día haciendo contenido
☐ Alcances en frío: 100 contactos al día (utiliza la automatización)
☐ Anuncios pagos: 100 minutos al día haciendo anuncios, durante 100 días seguidos

Mejor

Mejorando consigues más clientes potenciales con el mismo esfuerzo. Sólo puedes mejorar probando. Haz más hasta que se agote, entonces mejóralo. Céntrate en la "restricción": el paso en el que la mayoría de los clientes potenciales se pierden. Si no estás seguro, optimiza la publicidad de principio a fin. Mejorar la restricción ofrece un mayor impulso a los resultados.

Así es como mejoro: pruebo una cosa a la semana por plataforma. De esta manera, aprendes lo que funcionó, observas cómo los cambios afectan otros pasos, priorizas las pruebas y las ejecutas el tiempo suficiente para ver mejoras.

Ejercicio n° 36: Mejora semanalmente.

☐ Revisa los resultados y elige los ganadores de cada prueba de plataforma
☐ Registra los resultados
☐ Crea la siguiente prueba
☐ Si no puedes superar la versión actual en cuatro intentos, pasa a la siguiente restricción. Sólo cuando las mejoras aportan rendimientos decrecientes prueba algo *nuevo*.

Nuevo

Cuándo hacer lo nuevo: cuando los rendimientos de hacer más ↔ mejor son inferiores a los que podrías obtener de un nuevo emplazamiento o una nueva forma de hacer publicidad.

La mayoría de los empresarios sólo se fijan en la plataforma y en la pequeña comunidad en la que comercializan. Y normalmente, sólo hay tres o cuatro grandes empresas que comercializan en su nicho. Así que asumen que esas empresas *deben* repartirse *todo el* mercado entre ellas. Esto es falso. **La siguiente imagen refleja la realidad.**

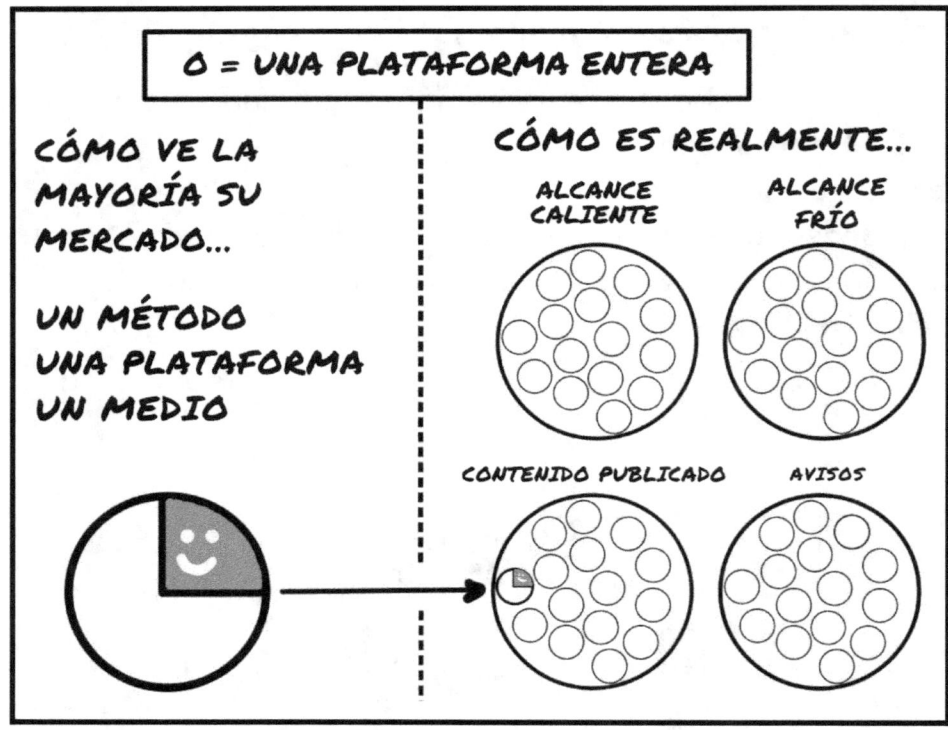

La falacia del tamaño del pastel. Las pequeñas empresas suelen asumir erróneamente que su pequeña porción de publicidad es todo el mercado disponible. Esto las mantiene más pobres de lo que deberían.

Existen muchas otras porciones de atención dentro del diminuto universo de "la publicación de contenidos". Puedes añadir nuevas ubicaciones, nuevas plataformas o nuevas actividades principales.

El orden en que elijo mi próxima "novedad" se reduce a una cosa: ¿qué me conseguirá más clientes potenciales por la cantidad de trabajo? Nueve de cada diez veces, se desarrollará así:

<u>Nuevos lugares</u>: Ejemplo: pasas de hacer anuncios de historias de Instagram a anuncios de Messenger.

<u>Nuevas plataformas</u>: Ejemplo: De cortos de YouTube a cortos de Instagram.

<u>Nueva actividad de los cuatro pilares básicos</u>: Ejemplo: Pasas de hacer sólo contenido, a añadir anuncios pagos.

Conclusión: Independientemente de la forma en que te publicites, podrías hacerlo de nuevas formas o en nuevos lugares. Cada una de ellas consigue lo que queremos: más clientes potenciales.

Agota primero "más" y "mejor". A continuación, prueba lo nuevo en este orden: nueva ubicación, nueva plataforma, nueva actividad de los cuatro pilares básicos. Evalúa, amplía utilizando más-mejor, luego vuelve a repetirlo.

Conclusión

La publicidad es el *proceso de dar a conocer*. Para conseguir clientes potenciales comprometidos, tienes que dar a conocer a los extraños aquello que vendes. Sólo hay cuatro formas en que *una* persona puede publicitar lo que vende, y para hacerlo intercambia tiempo, dinero o ambos. Puedes anunciarte a gente que te conoce (en caliente) o a desconocidos (en frío), en público (contenidos/anuncios) o en privado (difusión).

Después de la difusión en caliente, si tienes más tiempo que dinero, pasa a la publicación de contenidos. Si tienes más dinero que tiempo, opta por la difusión en frío o la publicación de anuncios pagos. Elige uno y exprímelo al máximo. Haz más. Hazlo mejor. Haz algo nuevo.

Todos los métodos publicitarios se combinan entre sí. Todas las combinaciones de las cuatro actividades publicitarias principales se potencian entre sí de alguna manera.

Lo he hecho todo, he creado varios negocios utilizando distintas combinaciones de estos métodos. Hay muchas formas de conseguir clientes potenciales. Si dominas una, podrás alimentarte el resto de tu vida. Todas funcionan si lo haces.

Próximo paso

Si sigues los pasos de este libro, te quedarás sin horas en el día. No podrás hacer más, ni mejor... ¡y mucho menos añadir nada nuevo! Así que necesitarás ayuda en tu viaje al país de los prospectos infinitos. Necesitarás aliados. Esos aliados vienen en cuatro sabores diferentes. Y como hay más de ellos que de ti, son la clave para llegar allí. Así que vayamos a buscarlos.

UN REGALO PARA TI: Formación adicional - Más, mejor, nuevo.

Este es uno de mis temas favoritos sobre el escalado de empresas. Los CEOs de nuestras carteras lo citan como uno de los marcos más impactantes que les he dado. Si quieres ver una versión en video en la que explico esto en detalle, puedes encontrarlo aquí de forma gratuita, como siempre: Acquisition.com/training/leads. Y como siempre, también puedes escanear el código QR que figura a continuación si detestas teclear.

ESCANÉAME

PARTE IV: CONSIGUE CAPTADORES DE PROSPECTOS

Consigue personas que te consigan más clientes potenciales

"Dadme una palanca lo suficientemente larga y un punto de apoyo sobre el que colocarla, y moveré el mundo". – Arquímedes

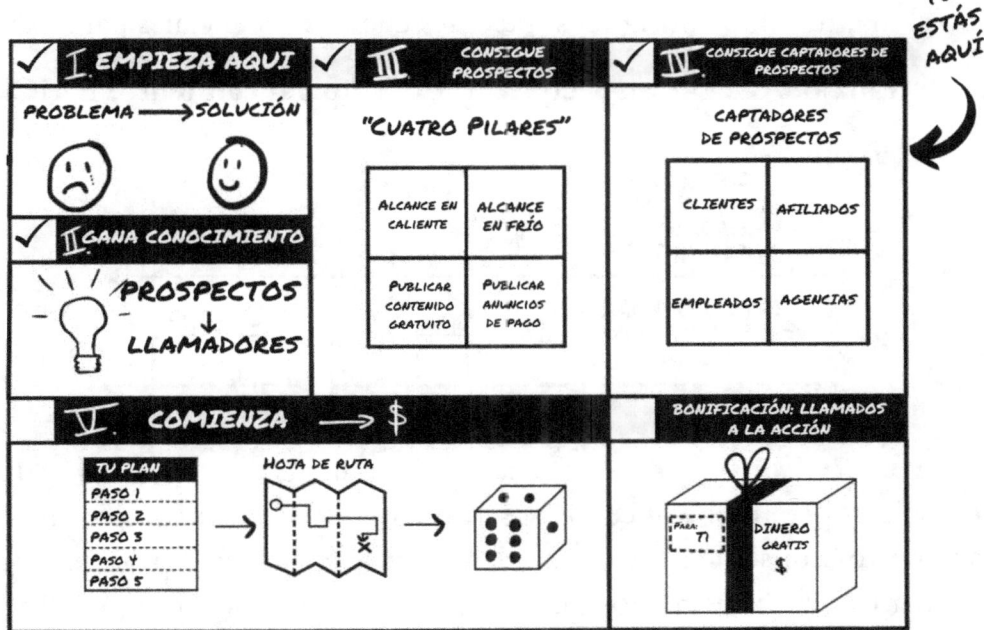

Los captadores de prospectos te proporcionan apalancamiento

Alex Hormozi ✔
@AlexHormozi

Sólo dos personas pueden dar a conocer a extraños las cosas que vendes:
1) tu
2) otras personas

Ellos son más que tú.

La gente puede informarse sobre lo que vendemos a través de dos fuentes. Podemos hacérselo saber *nosotros* utilizando los cuatro pilares básicos. O bien, *otras personas* pueden informarles utilizando los cuatro pilares básicos. Yo llamo a estas otras personas **captadores de clientes potenciales**. Cuando otras personas lo hacen por nosotros, ahorramos tiempo.

Eso significa que conseguimos más clientes potenciales comprometidos con menos trabajo. Aprovecha el apalancamiento.

Imagina cuatro escenarios:

Escenario nº 1: Tú <u>eres</u> el captador de prospectos. Realizas los métodos de los pilares básicos todo el día, tú solo. Consigues suficientes clientes potenciales para pagar las facturas.

Índice de trabajo: ALTO Prospectos: POCOS Apalancamiento: BAJO

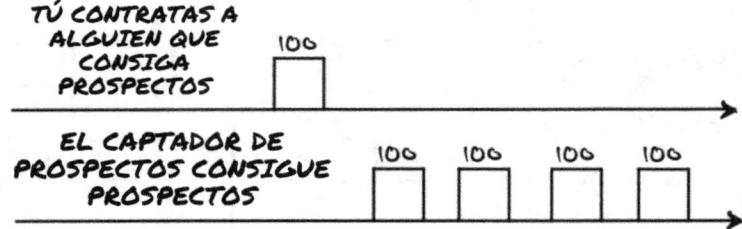

Escenario nº 2: <u>Consigues</u> un captador de prospectos. Consigues un captador de clientes potenciales para que realice los cuatro pilares básicos en tu nombre. Ahora, el captador de prospectos consigue suficientes clientes potenciales para pagar las facturas sin que tú hagas publicidad. Trabajas menos que en el escenario nº 1 y consigues el mismo número de prospectos.

Índice de trabajo: BAJO. Prospectos: POCOS. Apalancamiento: ALTO.

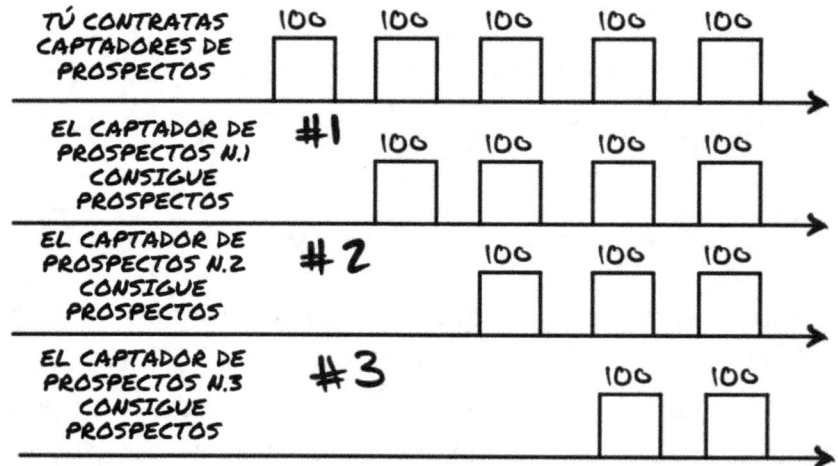

Escenario nº 3: Consigues muchos captadores de prospectos. Dedicas todo tu tiempo a conseguir otros captadores de prospectos. Tus prospectos aumentan cada vez que consigues otro. Trabajas todo el día, pero consigues muchos más prospectos que cuando estabas tú solo. Trabajas más que en la situación nº 2, pero consigues *muchos* más prospectos.

Índice de trabajo: ALTO. Prospectos: MUCHOS. Apalancamiento: ALTO.

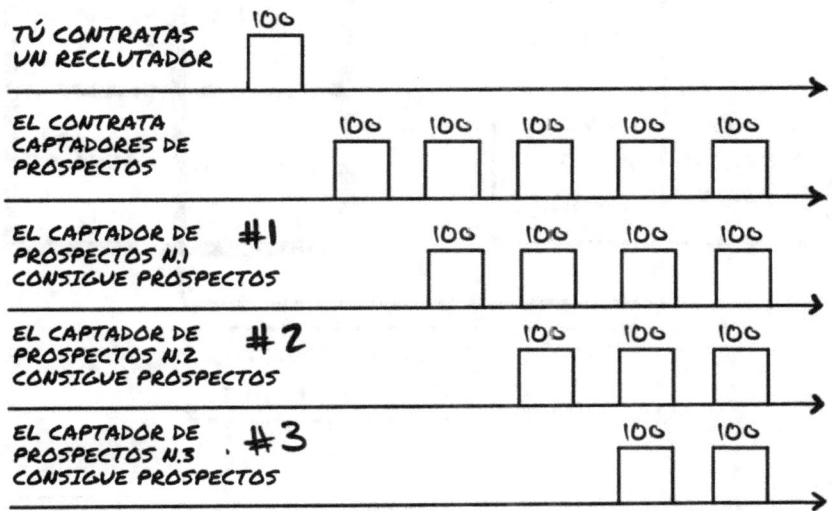

Escenario nº 4: Consigues un captador de prospectos que consigue captadores de prospectos. Reclutas a alguien que recluta a otras personas para que se anuncien en tu nombre. Consiguen más captadores de prospectos mensualmente. Sólo tuviste que trabajar *una vez* para conseguir al primer captador de prospectos, pero tus clientes potenciales siguen aumentando sin que tú trabajes. Trabajas menos que en el escenario nº 3 y consigues más prospectos cada mes.

Índice de trabajo: BAJO. Prospectos: MUCHOS. Apalancamiento: MÁXIMO.

Ahora tienes los ingredientes de una máquina de prospectos de *$100M*.

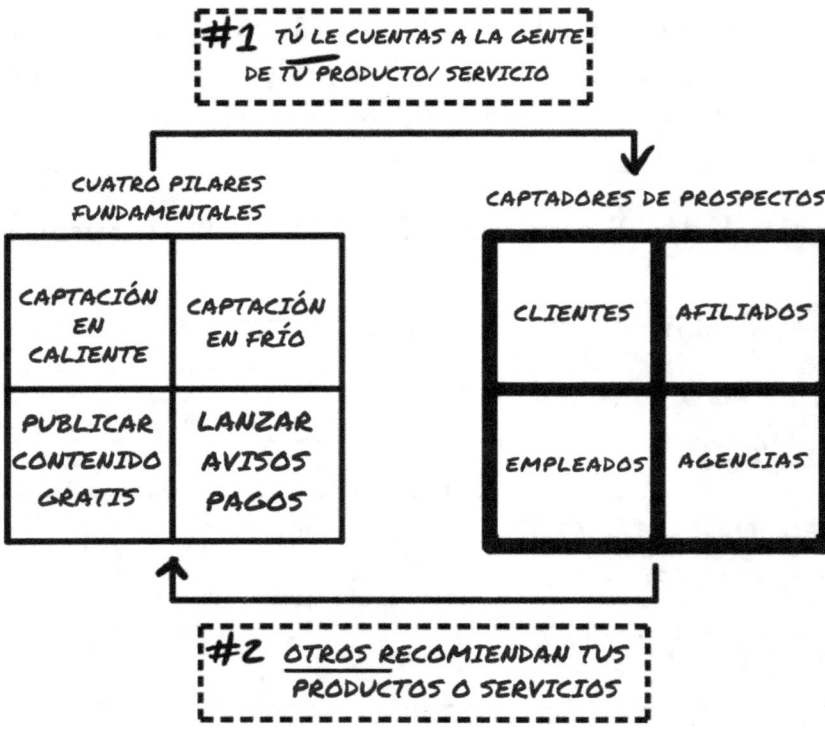

Esquema de la sección "Captadores de prospectos

Los captadores de prospectos no forman parte de los "cuatro pilares básicos" porque no son cosas que tú hagas. Pero tienes que realizar los cuatro pilares básicos para conseguirlos. Una vez que los consigues, ellos lo hacen por ti. El proceso se repite: ¡los captadores de prospectos pueden ir en busca de otros captadores de prospectos!

Los captadores de prospectos empiezan como clientes potenciales y luego se convierten en clientes potenciales comprometidos. La diferencia es que también consiguen que otras personas se interesen por lo que vendes. Lo ideal es que cada prospecto se convierta en un captador de prospectos.

Los cuatro captadores de prospectos son:

#1 Clientes. Compran lo que vendes y se lo cuentan a otras personas para conseguirte clientes potenciales.

#2 Empleados. Personas de tu empresa que te consiguen prospectos.

#3 Agencias. Empresas de servicios que te consiguen prospectos.

#4 Afiliados. Empresas que hablan a su público de tu empresa para conseguirte clientes potenciales.

Los cuatro permiten que otras personas conozcan lo que vendes, lo que proporciona un mayor apalancamiento que si lo hicieras por tu cuenta. Comprender estos cuatro captadores de prospectos te permitirá construir una maquinaria de captación de prospectos para cada empresa que crees.

Esta sección desglosará cómo utilizar los cuatro tipos de captadores de prospectos, sus diferencias, cómo trabajar con ellos, cuándo utilizarlos, las mejores prácticas y cómo medir los progresos.

UN REGALO PARA TI: Bonificación Avanzada - Consigue que otros lo hagan por ti

Es posible que este haya sido uno de mis capítulos favoritos del libro. Me llevó mucho tiempo resolver cómo recopilarlo todo en un modelo sencillo. Si deseas obtener más información sobre cómo hacer que otras personas te consigan prospectos, y cómo se aplica la escalabilidad, ve a: Acquisition.com/training/leads. Y como siempre, también puedes escanear el código QR de abajo si detestas teclear.

ESCANÉAME

Nº 1 Referencias de clientes - El boca a boca

"La mejor fuente de nuevos trabajos, es el trabajo que tienes sobre la mesa" – Charlie Munger

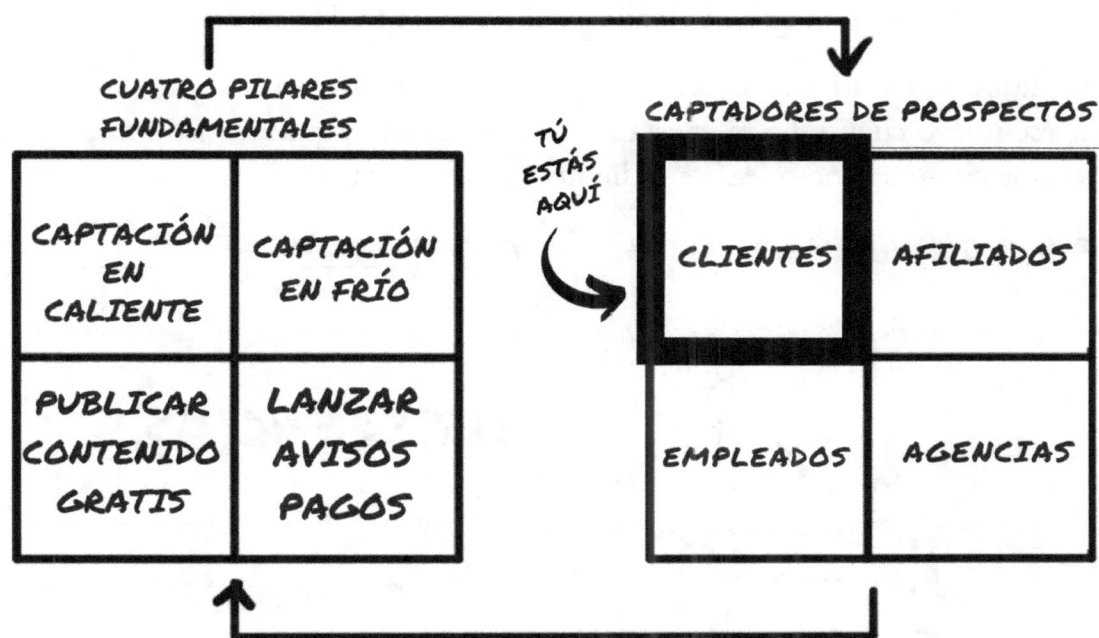

Cómo funcionan las referencias

Una recomendación o referencia se produce cuando alguien, un referente, envía un cliente potencial a tu empresa. Cualquiera puede referir, pero las mejores referencias provienen de tus propios clientes. Así que este capítulo se centra en conseguir más referencias de tus clientes.

Cómo las referencias hacen crecer tu negocio

Las referencias son importantes porque hacen crecer tu negocio de dos maneras:

1) Valen más (BBPV más alto). Los referidos compran cosas más caras y las compran más veces. También suelen pagar en efectivo por adelantado. Hermoso.

2) Cuestan menos (menor CAC). Si un cliente te envía otro cliente porque le gusta lo que haces, ese nuevo cliente no te cuesta nada. Y los clientes gratuitos son más baratos que los clientes que cuestan dinero. Así que clientes gratis = bueno.

Además, *las referencias son exponenciales*. Deja que te lo explique.

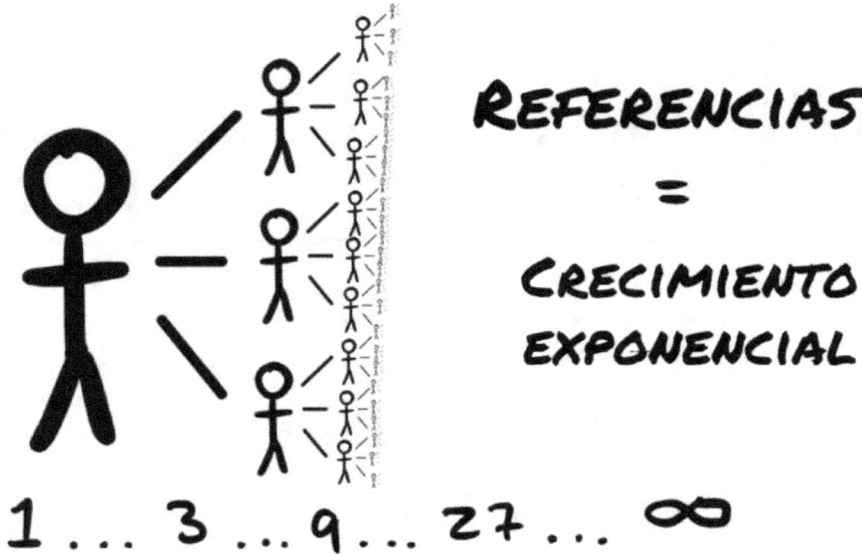

El número de clientes potenciales comprometidos que consigas de los cuatro pilares básicos depende de cuánto los lleves a cabo. Es una relación bastante lineal. Pero con el boca a boca, podemos hacerlo aún mejor: es exponencial. Un cliente trae dos, dos traen cuatro, cuatro traen ocho, y así sucesivamente. Nada escala como el boca a boca. Puedes cuantificarlo mediante la ecuación del crecimiento de las referencias: Clientes recomendados (entrantes) menos clientes perdidos (salientes).

ECUACIÓN DE CRECIMIENTO POR REFERNCIAS

- Si las referencias son mayores que las pérdidas de clientes: creces sin otra publicidad (¡genial!)

- Si las referencias son iguales a las pérdidas: necesitas otro tipo de publicidad para hacer crecer tu negocio (bueno…)

- Si las referencias son inferiores a las pérdidas: tienes que hacer publicidad para llegar al punto de equilibrio (buu - la mayoría de la gente).

Con las referencias, puedes mantener el crecimiento *independientemente de lo grande que llegues a ser*. En cambio, las pequeñas empresas apenas sobreviven porque tienen más o menos los mismos clientes que salen que los que entran. Una rueda de hámster de la muerte. A continuación te explico el porqué...

Dos razones por las que la mayoría de las empresas no consiguen referencias

La mayoría de las empresas no consiguen referencias por dos razones. En primer lugar, su producto no es tan bueno como creen. En segundo lugar, no las piden.

Alex Hormozi ✓
@AlexHormozi

No estás ganando tanto dinero como quieres porque no eres tan bueno como crees.

Problema nº 1: El producto no es lo suficientemente bueno

Si tu producto fuera excepcional, la gente ya lo conocería y tendrías más clientes de los que podrías manejar. Así que si vendes directamente a los consumidores y éstos no te están trayendo más clientes, tu producto tiene margen de mejora. Me gusta preguntarme "¿Por qué a mis clientes les avergüenza hablar de mi producto a todos sus conocidos?". De hecho, la mayoría de las cosas por las que pago son una mierda. Los empresarios se preguntan por qué no consiguen referencias. La respuesta está justo delante de ellos. Simplemente no son lo suficientemente buenos.

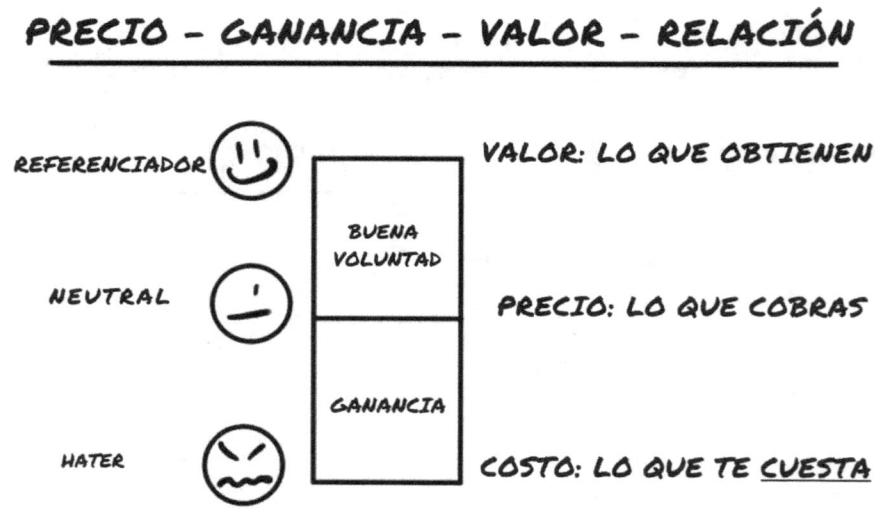

El precio es lo que cobras. El valor es lo que obtienen. *La diferencia entre precio y valor es lo que yo llamo* **la buena voluntad**. Hay dos formas de crear buena voluntad entre tus clientes: puedes bajar el precio o puedes dar más valor. Para crear buena voluntad y conseguir referencias, la pregunta no es cómo bajamos el precio, sino cómo proporcionamos más valor.

Seis maneras de conseguir más referencias <u>proporcionando</u> más valor

Hay seis formas de conseguir referidos proporcionando más valor. Y resulta que coinciden con las partes de un anuncio. Genial.

1) Convocatoria → Vender mejor a los clientes

2) Resultado soñado → Establecer mejores expectativas

3) Aumentar la probabilidad percibida de logro → Conseguir que más personas obtengan mejores resultados

4) Disminución de la demora en el tiempo → Obtener resultados más rápido

5) Disminución del esfuerzo y el sacrificio → Sigue mejorando tus productos o servicios

6) Llamada a la acción → Diles qué comprar a continuación

1. Convocatoria → Vender a mejores clientes. Queremos vender a mejores clientes, que obtengan el mayor valor de nuestros productos. Los clientes que obtienen más valor tienen más buena voluntad y nos recomiendan más.

Ejercicio nº 37: Aumenta la calidad del cliente potencial y aumentarás la calidad del producto. Averigua qué tienen en común tus clientes con más éxito. Utiliza esas similitudes para dirigirte a un nuevo público que tenga las mayores posibilidades de obtener el mayor valor. Luego, vende <u>sólo</u> a las personas que cumplan esos nuevos criterios. Prepárate para crear más buena voluntad. Más buena voluntad significa más referencias.

ESTABLECE *MEJORES* EXPECTATIVAS

**PROMETER POCO
ENTREGAR
DEMASIADO**

>

**PROMETER
EN EXCESO
ENTREGAR
MUY POCO**

2. Resultado soñado → Establece mejores expectativas: La forma más rápida, fácil y barata de hacer que tu producto sea extraordinario es hacerlo mejor de lo que esperan. Y eso es más fácil de lo que crees porque *tú* estableces las expectativas.

Ejercicio n° 38: Reduce *lentamente* las promesas que haces al hacer ofertas. Sigue rebajándolas hasta que bajen tus índices de cierre. En ese momento, detente. Esto maximiza el número de clientes que consigues y la buena voluntad que construyes con ellos. Clientes y buena voluntad maximizados significan más referencias.

CONSIGUE QUE *MÁS* GENTE LOGRE *MEJORES* RESULTADOS

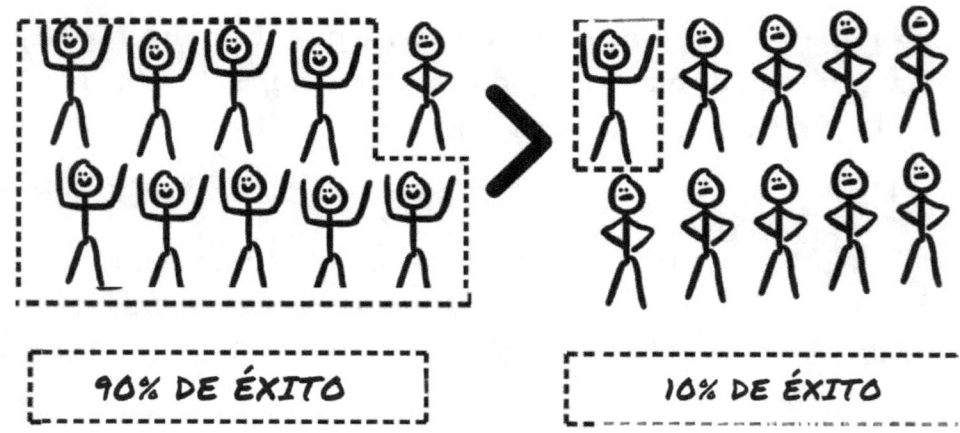

90% DE ÉXITO > 10% DE ÉXITO

3. Aumentar la percepción de probabilidad de logro → Consigue mejores resultados para más gente: Averigua qué _hacen_ tus mejores clientes para obtener el máximo valor, y ayuda a otros clientes a hacer lo mismo. Haz un seguimiento de las actividades de los clientes y compara los clientes medios con los mejores.

Ejercicio nº 39: Mejora tu producto.

1. Encuesta a los clientes para encontrar a los que obtienen mejores resultados

2. Entrevístalos para averiguar qué hicieron de forma diferente

3. Detecta las acciones que tenían en común

4. Haz que los nuevos clientes repitan estas acciones

5. Mide la mejora de los resultados medios de los clientes

6. Adecua las condiciones de garantía a las acciones que obtienen los mejores resultados

7. Más éxito. Más buena voluntad. Más referencias.

4. Reducir el tiempo de demora → Logra victorias más rápidas: Defino una "victoria" como cualquier experiencia positiva que tenga un cliente. Las victorias más rápidas aumentan la percepción de rapidez, la probabilidad de que se queden y su confianza en ti. Para que las victorias sean más rápidas, dáselas más a menudo.

Ejercicio 40: Gana más rápido.

1. Entrega pequeñas cosas a intervalos más cortos en lugar de todas a la vez

2. Comparte las actualizaciones de progreso con la mayor frecuencia posible

3. Fuerza el mayor número posible de victorias en las primeras cuarenta y ocho horas tras la compra

4. Informa siempre a los clientes de cuándo volverán a saber de ti.

5. Nunca esperes que los clientes te perdonen: añade un cincuenta por ciento a los plazos para entregar antes de tiempo.

VALOR EN CURSO

$\$.....\$.....\$.....\$.....\$.....$

5. Disminuir el esfuerzo y el sacrificio → Sigue mejorando tu producto: Si los clientes hacen menos cosas que odian o renuncian a menos cosas que les gustan para beneficiarse de tu producto, lo has mejorado. No existe el producto perfecto: siempre puedes mejorarlo. Cuanto más fácil haces que se beneficien, más buena voluntad obtendrás y más probabilidades tendrás de que te recomienden.

Ejercicio nº 41: Sigue mejorando tu oferta.

1. Encuentra el problema más común utilizando datos de atención al cliente, encuestas y opiniones

2. Averigua tu solución, obteniendo opiniones de clientes que han tenido éxito

3. Mejora tu producto basándote en los comentarios

4. Prueba la nueva versión con un pequeño grupo de clientes con dificultades

5. Obtén la siguiente ronda de opiniones; implántala si el problema está resuelto, o vuelve al Paso 2

6. Pasa al siguiente problema más frecuente y repite el proceso

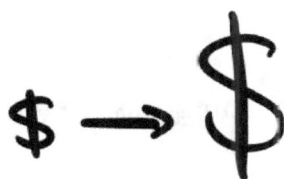

6. Llamada a la acción → Diles qué comprar a continuación: Si tienes un producto asombroso, los clientes querrán más. Tienes que satisfacer su deseo de comprar, o se lo comprarán *a otro*. Véndeles otra vez, ya sea algo nuevo o más de lo que acaban de comprar. Así conseguirás más buena voluntad y alargas la vida del cliente.

> **Ejercicio nº 42: Trata a cada cliente como si fuera la primera vez que le vendes.** Haz que tu próxima oferta sea más convincente que la primera. Recuérdales que compren más después de cada gran victoria. Más cosas que comprar significa más oportunidades de añadir valor. Más valor significa más buena voluntad. Y más buena voluntad significa más referencias.

Una pregunta para dominar el tema

Consolidemos estos seis pasos en un experimento mental. Te animo a que lo pruebes con tu equipo. Aquí lo tienes: *Has perdido a todos tus clientes menos a uno. Los dioses de la publicidad te prohíben hacer los cuatro pilares fundamentales y decretan: 1) Todos los clientes deben proceder de este único cliente. 2) Si incumples nuestras condiciones, destruiremos tu negocio.*

¿Cómo tratarías a este cliente? ¿Qué harías para que su experiencia fuera tan valiosa que enviaran a todos sus amigos? ¿Qué tipo de resultados tendría que obtener? ¿Cómo sería su incorporación? ¿Qué tipo de cliente elegirías?

> **Ejercicio nº 43:** Piensa en ello. Escríbelo. Tu negocio depende de ello. *Luego... hazlo :)*
>
> ¿Tipo de cliente? _____
>
> ¿Resultados? _____
>
> ¿Incorporación? _____
>
> ¿Experiencia continua? _____
>
> _____

Referencias: Pídelas

¿Sabes por qué las empresas tienen tan pocas referencias en comparación con las que podrían tener? Nunca las piden.

Siete maneras de pedir referencias

Hay tres componentes en un programa de recomendaciones: cómo das el incentivo, con qué lo incentivas y cómo lo pides. Aquí tienes las siete combinaciones que mejor me han funcionado a mí:

1) **Beneficio de recomendación unilateral:** Paga tu costo promedio de adquirir un cliente (CAC) a quien te recomendó o al amigo.

2) **Beneficios por recomendación bilateral:** Paga el CAC a ambas partes, dividido entre quien te recomendó y el recomendado.

3) **Pídeles que te recomienden justo después de la compra:** Consigue nombres y números de posibles referidos en el punto de venta.

4) **Añade las recomendaciones como elemento de negociación:** Ofrece descuentos a cambio de que te presenten a sus amigos.

5) **Eventos de recomendación:** Organiza promociones de tiempo limitado en las que la gente obtenga recompensas por traer amigos.

6) **Programas de recomendación continuos:** Promueve sistemáticamente las ventajas de hacer cosas con otros.

7) **Bonificaciones desbloqueables por recomendación:** Crea bonificaciones para las personas que recomienden y dejen testimonios.

Cuanto más descabellada sea la oferta, más gente la recomendará. Si quieres que te recomienden, hazlo tan bueno que serían estúpidos si no lo hicieran.

Ejercicio n° 44: Elige una estrategia de recomendación. Comunícasela a tus clientes.

Combina estrategias de recomendación para conseguir más recomendaciones

Ejemplo de combinación.

Ofrécele a cada uno una tarjeta regalo por un tercio del costo de tu programa. Diles que pueden dársela a un amigo suyo si se inscribe con ellos. Asigna a la tarjeta regalo una fecha de caducidad de entre siete y catorce días a partir de la fecha en que se la entregues: los obligará a utilizarla. Esto da el estatus de remitente cuando se lo den a su amigo. En lugar de decir "Únete a mi programa y obtén $2.000 de descuento", dices: "Tengo esta tarjeta regalo por $2.000. ¿La quieres? No quiero desperdiciarla". Se ve como un trato mucho mayor para ellos y para ti.

Puedes seguir utilizando la presentación a tres vías con esta táctica. A continuación, envía por mensaje de texto una foto de la tarjeta de regalo. Puntos extra si escribes el nombre del amigo antes de enviar la foto. Así parecerá más personalizado y tendrás un motivo legítimo para pedirle el nombre de su amigo (guiño).

PD: También puedes vender las tarjetas regalo con un descuento del noventa por ciento como regalos adquiribles (sólo para amigos de clientes). El recomendante parece que se ha gastado mucho dinero, y tú cobras por conseguir nuevos clientes. No se me ocurre una mejor manera de ganar dinero. De nuevo, el único límite es tu creatividad.

Ejercicio nº 45: Hazlo. Calcula tus porcentajes de recomendación y de rotación para establecer una línea de base. Pon en práctica los seis pasos de "dar valor" para crear buena voluntad. A continuación, aprovecha esa buena voluntad, utilizando una o varias de las siete formas de pedir referencias.

A continuación...

Para escalar nuestros anuncios, necesitamos ayuda. La necesitarás si quieres ganar *mucho dinero*.

A continuación, los empleados...

UN REGALO PARA TI: BONUS
- Frenesí de recomendación de clientes

Si quieres saber más sobre cómo utilizar la forma más rentable de conseguir clientes, he creado una formación sólo para ti. Puedes conseguirla aquí de forma gratuita: Acquisition.com/training/leads. Y como siempre, también puedes escanear el código QR de abajo si detestas teclear.

Nº 2. Empleados

"Si quieres ir rápido, ve solo. Si quieres llegar lejos, ve acompañado" – Proverbio africano

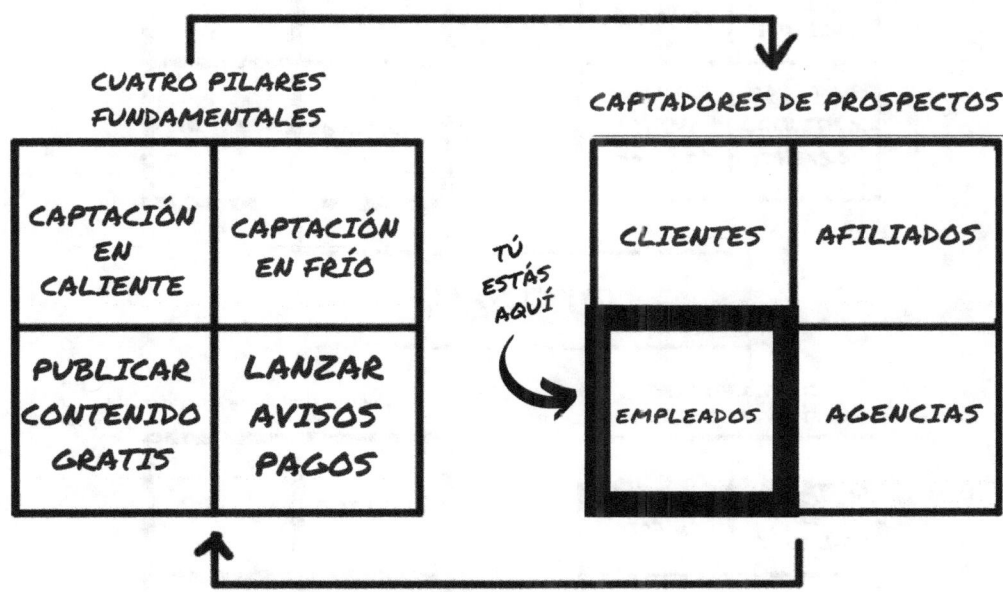

Cómo trabajan los empleados para conseguirte clientes potenciales

Los empleados captadores de clientes potenciales son personas que trabajan en tu empresa y a las que entrenas para que te consigan clientes potenciales. Pueden publicar anuncios, crear y publicar contenidos, y realizar actividades de divulgación: cualquier tipo de publicidad que les enseñes a hacer. Más empleados captadores de clientes potenciales significa más clientes potenciales comprometidos para tu negocio y menos trabajo para ti.

<u>Conclusión</u>: Los empleados hacen que una empresa funcione plenamente y crezca sin necesidad de tu presencia.

Cómo conseguir posibles empleados: Los cuatro pilares internos

¿Recuerdas los cuatro pilares básicos? Bien, también funcionan para conseguir empleados. Al cambiar el marco de "dar a conocer tu negocio a clientes potenciales" a "dar a conocer tu negocio a los empleados potenciales", se convierte inmediatamente en algo que ya sabes hacer. Los empleados no son más que otras personas a las que das a conocer tu empresa y lo que vendes. ¡Así que haces lo mismo!

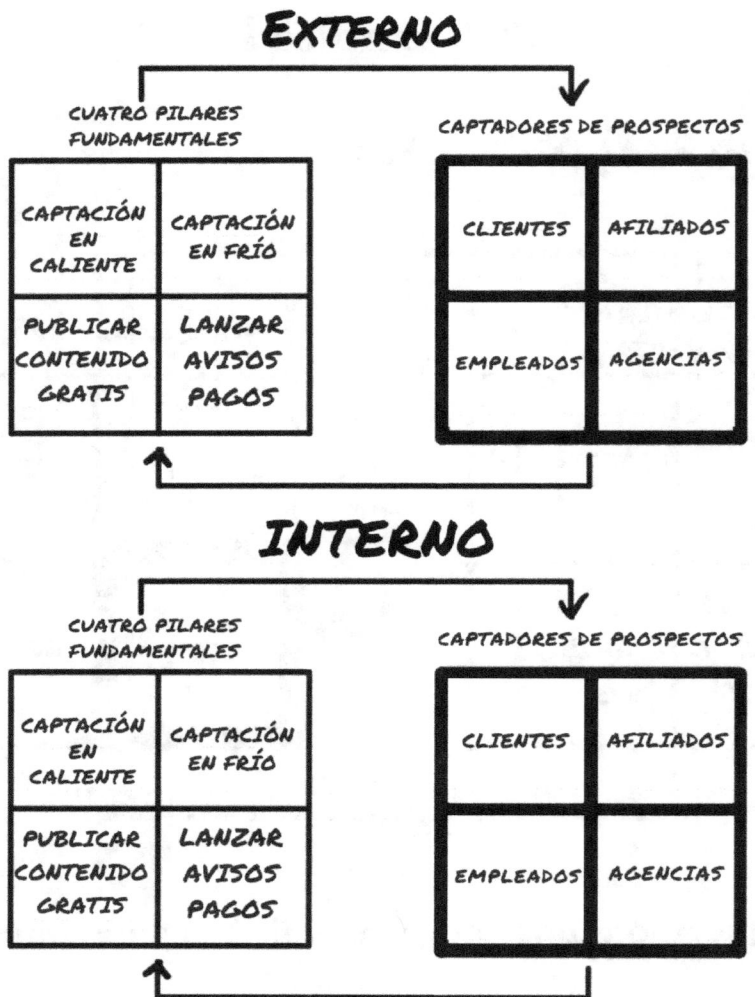

Alinea las acciones para conseguir empleados con las acciones para conseguir clientes. ¡Son las mismas!

Clientes → Empleados

Captación en caliente	→	Pregunta a tu red de contactos
Captación en frío	→	Reclutamiento
Publicar contenido	→	Publicar ofertas de empleo
Anuncios pagos	→	Promocionar ofertas de empleo
Referencias de clientes	→	Referencias de empleados
Afiliados	→	Asociaciones, gremios, servidores de listas, etc.
Agencias	→	Empresas de selección de personal, etc.
Empleados	→	Empleados (sin cambios)

Las formas de conseguir potenciales empleados y *captadores* de prospectos tienen equivalentes a las formas de conseguir clientes potenciales y a *sus* captadores de clientes potenciales. Y al igual que creas un proceso eficaz para conseguir clientes, también puedes crear un proceso eficaz para conseguir empleados. Necesitarás <u>ambos</u> para escalar.

Cómo conseguir empleados que te consigan prospectos

Ahora bien, contratas a alguien que te cuesta dinero cada mes. Vamos a asegurarnos de que lo recuperes, *y algo más* cuanto antes. Si no puedes permitirte contratar a personas que ya sepan cómo conseguir prospectos, tu siguiente mejor opción es formarlas. Enfoca la formación con este modelo mental de las 3Ds: Documentar, Demostrar, Duplicar.

Paso uno: Documentar: *Confecciona una lista de comprobación.* Anota los pasos exactamente como los haces. Acuérdate de hacer las tareas de varias maneras y en diversos momentos. ¿Puedes hacer un trabajo de sobresaliente sólo siguiendo exactamente tus instrucciones? Si es así, ya tienes el primer borrador de tu lista de comprobación.

> **Ejercicio nº 46: Confecciona tu lista de comprobación.** Sigue tus propias instrucciones. Comprueba si funcionan. Ajústalas hasta que obtengas el resultado *sólo* siguiendo la lista de comprobación que has hecho.

Paso 2: Demuéstralo: *Hazlo delante de ellos.* Guíalos paso a paso por la lista de comprobación. Ajusta tu lista de comprobación si te paran o te hacen ir más despacio para entender algo.

Paso 3: Duplicar: *Lo hacen delante de ti.* Haz que sigan la misma lista de comprobación que tú. Corrige tu lista de control hasta que funcione. Luego, haz que la sigan hasta que lo hagan bien.

Después de formar a tus primeros empleados, habrás resuelto los problemas de ese trabajo. Si desaparecieras mañana, ¿podría un desconocido obtener los resultados que tú obtienes si sólo siguiera tu lista de comprobación? Ese es el nivel de claridad al que debes aspirar. Algunas notas útiles sobre la formación:

- Si se equivocan o se confunden, significa que nos hemos equivocado o lo hemos hecho confuso.

- Si sólo parecen "entenderlo" tras largas explicaciones, tenemos trabajo por hacer.

- Hay una diferencia entre competencia y rendimiento. A veces sólo necesitan práctica.

- Céntrate en su capacidad para seguir instrucciones más que en el resultado.

- Hazles saber cuándo realizan un paso con éxito.

- Si siguen las instrucciones al pie de la letra y obtienen un resultado erróneo, elógialos y corrige la lista de control.

- Evita los castigos o penalizaciones durante el entrenamiento. Recompensa las cosas buenas que quieras que hagan más.

- Proporciónales retroalimentación paso a paso.

- Vuelve a formar al equipo siempre que se produzca un descenso importante del rendimiento normal.

- Una vez que el entrenamiento funciona en los nuevos aprendices, acorto mi ventana para juzgar el rendimiento.

Cómo calcular el rendimiento de los empleados que captan clientes potenciales

Excluyendo los anuncios pagos, el costo de la publicidad con empleados se basa casi totalmente en la cantidad de dinero que les pagas por trabajar. Compara cuánto dinero gastas en salarios con cuánto dinero aportan los clientes potenciales captados. Calcula el costo por cliente potencial captado y lo multiplicas por el número de clientes potenciales captados que se necesitan para conseguir un cliente para obtener el CAC. Compara el CAC con el BBPV para obtener tu ratio BBPV : CAC.

Cómo saber en qué empleados enfocarte para maximizar los rendimientos

Si tu costo para conseguir un cliente está dentro de 3 veces el promedio del sector, entonces lo estás haciendo lo *suficientemente bien*. A partir de ahí, céntrate en aumentar su BBPV. Si tu CAC es superior a 3 veces la media del sector, entonces tienes un problema de ventas o de publicidad. Haz un diagnóstico con esta pregunta: *¿Mis clientes potenciales comprometidos tienen el problema que yo resuelvo y dinero para gastar?*

- Si la respuesta es no, entonces no califican: eso es un problema de publicidad.

- Si la respuesta es sí, entonces están calificados y:

o Compran, pero no tienes suficientes: problema de publicidad

o Están calificados, pero no compran: problema de ventas.

Asegúrate de volver a formar o de contratar a las personas más cercanas al problema real.

El próximo captador de prospectos...

La siguiente parada en nuestro viaje publicitario nos lleva a las agencias. Las utilizo para acortar mi camino hacia el aprendizaje de *cualquier cosa*.

UN REGALO PARA TI: BONO TUTORIAL - Construir o comprar - La hoja de ruta del talento

Cuanto más tiempo hago negocios, más pregunto "quién" en lugar de qué y cómo. Esta formación puede ser una de las más tácticas e importantes, porque no importa lo que quieras construir, vas a necesitar ayuda. Como es tan importante, he hecho una formación que describe este contenido con más profundidad, con algunas secciones para descargar, etc. Puedes verlo gratis en Acquisition.com/training/leads. Como siempre, también puedes escanear el código QR de abajo si detestas teclear.

ESCANÉAME

Nº 3. Agencias

"Todo está en venta".

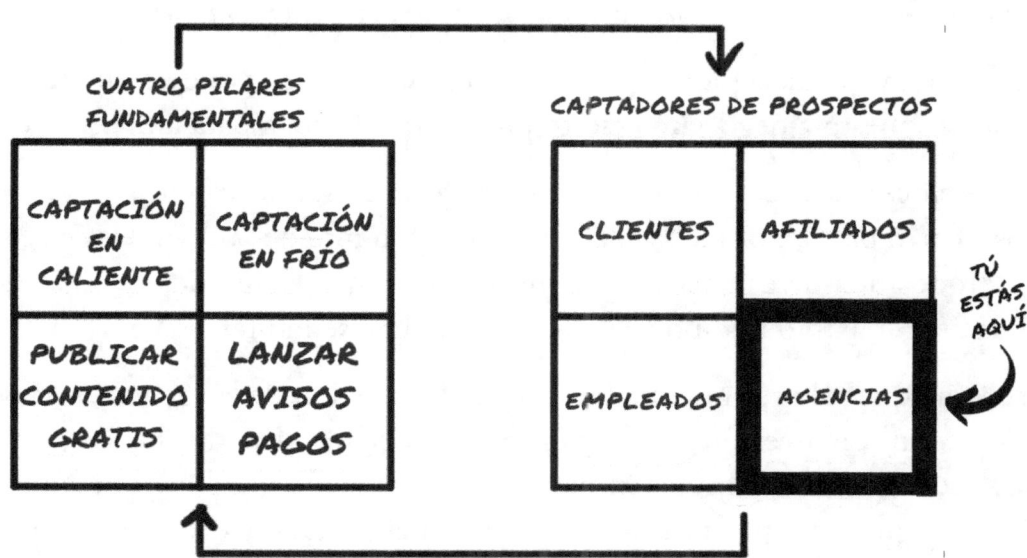

Las buenas agencias cuestan dinero, así que si no tienes dinero, ni hablar. Pero si tienes algo de dinero, te sugiero que utilices las agencias para aprender nuevos métodos y nuevas plataformas. Yo contrato a agencias que ofrecen nuevas formas de hacer contenidos, difusión o anuncios pagos porque ya han cometido los grandes errores. También recurro a agencias cuando quiero empezar a anunciarme en una plataforma que no entiendo. Contratar a una agencia consiste en invertir en habilidades importantes que realmente no puedes aprender en ningún otro sitio, sin perder tiempo y atención que podrías haber utilizado para aprender otras cosas importantes que hagan escalar tu negocio. Este capítulo desglosa la contratación de una agencia en dos pasos:

1) Cómo uso las agencias ahora. Y cómo puedes hacerlo tú también.

2) Cómo elegir la agencia adecuada

Cómo uso las agencias ahora. Y cómo puedes hacerlo tú también.

Así es como uso las agencias ahora. En lugar de creerme la mentira de que "nunca tendré que aprender estas cosas porque ellos pueden hacerlo", empiezo cada relación con una agencia con un propósito y un plazo para cumplirlo. Empiezo diciendo:

"Quiero hacer lo que tú haces en mi negocio, pero no sé cómo hacerlo. Me gustaría trabajar contigo durante 6 meses para aprender cómo lo haces. Además, pagaré un extra para que me expliques por qué tomas las decisiones que tomas y los pasos que sigues para tomarlas. Después, cuando tenga una buena idea de cómo funciona todo, empezaré a formar a mi equipo en ello. Y una vez que puedan hacerlo lo suficientemente bien, me gustaría cambiar a un acuerdo de consultoría de menor costo. De este modo, podrás seguir ayudándonos si tenemos problemas. ¿Estás de acuerdo?"

Según mi experiencia, la mayoría de las agencias *no* se oponen a enseñarte sus métodos. Muéstrate dispuesto a negociar: a cierto precio, vale la pena para ambos.

Si eres sincero sobre tus intenciones y la agencia está de acuerdo, obtendrás mejores resultados a corto plazo, porque probablemente sepan más que tú, y mejores resultados a largo plazo, porque aprenderás a hacerlo tú mismo o tu equipo aprenderá a hacerlo por ti. También pasarás el máximo tiempo con sus mejores representantes.

Recuerda que sólo recibes una fracción de la atención de la agencia, por lo que los resultados empeoran cada vez que consiguen nuevos clientes. Mientras tanto, tu equipo mejora porque se centra en ti a tiempo completo. Compara los resultados de tu equipo con los de la agencia hasta que los superen. Entonces, cancela la relación y dedica el dinero a escalar todo lo que acabas de aprender.

Ejercicio nº 47: Utiliza el guion anterior como guía para establecer con ellos las condiciones y los plazos cuando empieces a hablar con las agencias. Acepta negociar un poco para que funcione.

Cómo elegir la agencia correcta

Después de haber trabajado con montones de agencias malas y un puñado de buenas, creé una lista de lo que todas las buenas tenían en común:

1) Alguien que conoces obtuvo buenos resultados con ellos.

2) Empresas destacadas obtuvieron buenos resultados trabajando con ellos.

3) Tienen lista de espera.

4) Tienen un proceso de venta claro que establece expectativas realistas.

5) Se centran en la estrategia a largo plazo, no en los trucos a corto plazo.

6) Te dicen exactamente lo que necesitan de ti y cómo lo van a utilizar.

7) Sugieren reuniones periódicas y ofrecen varias formas de ponerte al día de los progresos.

8) Proporcionan actualizaciones en términos sencillos y tienen formas claras de hacer un seguimiento de los costos en relación con los resultados.

9) Hacen una buena oferta:

- El resultado soñado se alinea con lo que quieres
- Muestran a cuántos clientes similares han ayudado
- Proporcionan plazos claros
- Explican qué esfuerzo y sacrificio requieren de ti

10) Son caras. Todas las agencias buenas son caras... pero no todas las agencias caras son buenas.

Ejercicio nº 48: Elige tu agencia. Una vez que una agencia marca estas casillas, vale la pena tenerla en cuenta. Habla con algunas más antes de tomar una decisión, asegurándote de que acepten tus condiciones por adelantado. Compáralas utilizando la lista de comprobación anterior, y luego elige la mejor para ti.

Conclusión

Aunque no se trate del modelo "tradicional" de agencia, *ambas* empresas se benefician. Ellos consiguen un cliente que de otro modo no tendrían. Y nosotros obtenemos una habilidad para ganar dinero de por vida. Todos salimos ganando.

Próximos pasos:

1) Decide si utilizar una agencia tiene sentido para ti en este momento.

2) Habla con muchas agencias para hacerte una idea del mercado. No seas tacaño.

3) Utiliza el marco de acuerdo que te he indicado.

4) Fija un plazo claro para obligarte (y obligar a tu equipo) a aprender las habilidades.

5) Utiliza ambos equipos hasta que el tuyo supere al suyo con regularidad.

6) Pásate a la consultoría con descuento hasta que sientas que tú les enseñas a ellos en vez de que ellos te enseñan a ti... y entonces déjalos ir.

Ahora que sabemos cómo sacar provecho del mundo de alto riesgo de las agencias, vamos a explorar el captador de clientes potenciales que más dinero me ha hecho ganar. Reclutamos a un ejército de empresas que pueden conseguirnos aún más clientes potenciales: *los afiliados.*

UN REGALO PARA TI: Qué buscar en una lista de comprobación de agencias

Si quieres saber cuál es la mejor manera de utilizar a las agencias, en lugar de ser utilizado por ellas, he creado una capacitación gratuita para ti. Puedes verla gratis en Acquisition.com/training/leads. Tiene archivos interactivos y otras cosas interesantes. Como siempre, también puedes escanear el código QR si detestas teclear.

ESCANÉAME

Nº4. Afiliados y Socios

"Nada hace amigos como el dinero"

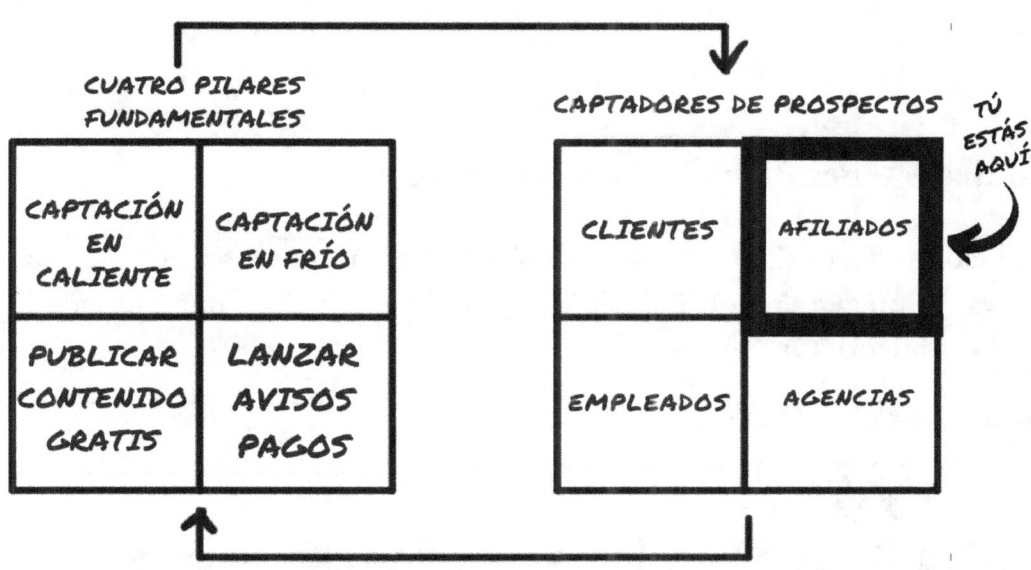

Cómo funcionan los afiliados

Un afiliado es un captador de clientes potenciales. Es una empresa independiente que le dice a su público que compre *tu* producto. Los afiliados se parecen a las referencias por fuera, pero son muy diferentes por dentro. En primer lugar, tienen sus propios negocios y hacen su propia publicidad. En segundo lugar, aceptan ofrecer *tus* productos a *sus* clientes comprometidos a cambio de dinero, productos gratuitos o ambas cosas.

Ahora bien, consigues afiliados anunciándote y haciéndoles ofertas *como lo harías con los clientes*. Pero los afiliados requieren un tipo de oferta único. En lugar de ofrecerles tu producto, ofreces una forma rápida, sencilla y fácil de ganar comisiones promocionándolo. Y eso puede significar literalmente millones de clientes potenciales comprometidos con tu negocio. Esto convierte a los afiliados en uno de los mejores captadores de clientes potenciales que existen.

Por qué quieres tener un ejército de afiliados

Cada afiliado que consigues añade otro *flujo* de clientes potenciales y clientes. Así que reclutar, activar e interactuar con un ejército de afiliados provoca una escalada exponencial acelerada. Eso es bueno. Queremos eso.

Compara estos dos supuestos:

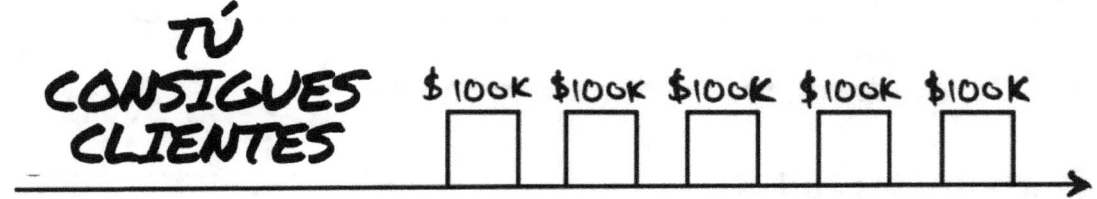

Escenario 1: Vendes a diez *clientes* al mes por valor de $10.000 cada uno. El tope de tu negocio es de $100.000 al mes. En doce meses has ganado 1,2 millones. Suponiendo que no tengas ningún otro tipo de publicidad, tu negocio *se estanca*. Bajo rendimiento.

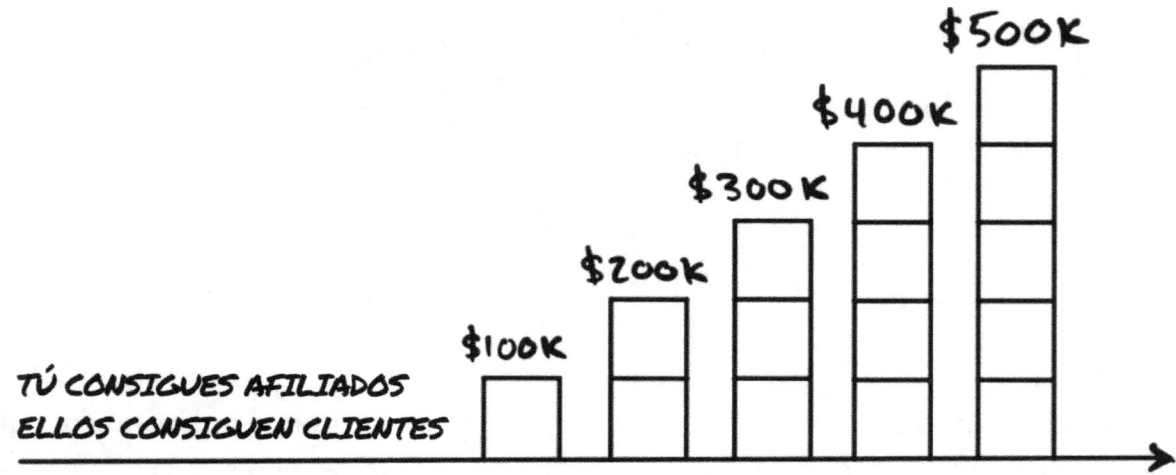

Escenario 2: Por el mismo esfuerzo, vendes a diez *afiliados* al mes. Cada mes, esos afiliados te traen *uno* de esos clientes de $10.000. Ahora, cada mes añades $100.000 extra en ingresos. En doce meses has ganado *7,8 millones*. Y creces *mes a mes a partir de entonces*. Mismo trabajo, más dinero. Alto apalancamiento.

Cómo crear un ejército de afiliados en seis pasos

Paso 1: Encuentra a tus afiliados ideales

Paso 2: Hazles una oferta

Paso 3: Califícalos

Paso 4: Determina cuánto les pagarás

Paso 5: Consigue que hagan publicidad

Paso 6: Consigue que sigan haciendo publicidad

Eso es todo. Ahora vamos a sumergirnos.

Paso 1: Encuentra a tu afiliado ideal

El afiliado ideal tiene un negocio con una audiencia caliente llena de gente como tus clientes. Empieza a hacer una lista de esos negocios. Si no te viene ninguno a la mente, responde a estas preguntas <u>sobre tus mejores clientes</u>:

¿Qué compran? → ¿Quién *les proporciona esos productos/servicios?*

¿Adónde van? → ¿Qué *negocios hay en esos entornos?*

¿Qué les gusta hacer? → *¿Quién les proporciona esos servicios?*

Si es directo al consumidor, los empleadores de tus consumidores podrían ser excelentes afiliados:

¿Para qué tipo de empresas trabajan? ¿Qué tipo de trabajo desempeñan?

En pocas palabras... ¿Quién tiene mis *clientes potenciales?*

Ejercicio nº 49: Haz una hoja con cada una de estas preguntas y categorías. Esta lista debería ocupar unas cuantas páginas. Haz una búsqueda en Internet para rellenarla. Si tienes dificultades, ¡llama a tus clientes y pregúntales! <u>Resultado final</u>: Crea una lista de tus posibles afiliados con mayor potencial.

Paso 2: Hazles una oferta

Hacemos la oferta de afiliación y la anunciamos del mismo modo que cualquier otra oferta, llamando a nuestra audiencia, mostrando nuestros elementos de valor y llamándolos a la acción. Como los afiliados son empresas, o están iniciando un negocio al inscribirse, les ofreces una nueva forma de ganar dinero.

Convocatoria:

Las convocatorias a posibles afiliados suelen incluir:

- Los propios empresarios afiliados - *¡ATENCIÓN PROPIETARIOS DE SPA!*

- Los clientes del afiliado - *¿Trabajas con profesionales ocupados que se pasan el día en reuniones?*

- Resultados que prometen las empresas afiliadas - *A los héroes que curan el estrés de los demás...*

- Productos y servicios que ofrecen los afiliados - *Si vendes lociones o aceites esenciales, esto es para ti...*

- A nuestros propios clientes - *¿Conoces a alguien que tenga un spa?*

Ahora que hemos captado la atención de un posible afiliado, hagamos que valga la pena...

Ejercicio nº 50: Elige tu convocatoria y rellena los espacios en blanco de abajo para completar tu oferta.

*Gana más dinero con tus clientes actuales y consigue más clientes potenciales que tu oferta actual (**resultado soñado**)*

_____

*...con muchas posibilidades de funcionar, ya que tus clientes ya quieren el producto (**probabilidad percibida de logro**)*

_____

*...sin necesidad de fabricar, entregar o proporcionar asistencia al cliente para el producto tú mismo (**esfuerzo y sacrificio**)*

_____

...para que puedas empezar a venderlo mañana (demora en el tiempo).

Paso 3: Califícalos

Los afiliados potenciales se convierten en afiliados reales cuando comprenden y aceptan tus condiciones. Queremos que obtengan su primera victoria lo antes posible, así que establecemos nuestras condiciones para obligarles a ganar rápidamente. Yo lo logro consiguiendo que inviertan su tiempo, su dinero y en el propio producto. Aquí tienes dos formas de conseguir que los afiliados inviertan y ganen:

Forma nº 1: Conviértelos en clientes: Haz que compren y, preferiblemente, utilicen el producto para mantener su estatus de afiliado. Cuanto más dinero invierta un afiliado en tu producto, más dinero ganará.

Forma nº 2: Conviértelos en expertos: Haz que paguen por la incorporación y la formación que les certifique como expertos en el producto. Esto cubre algunos costos de publicidad y significa que puedo permitirme una incorporación y formación adecuadas para cada afiliado.

¿Cuánto cobrar? Recomiendo entre el 10 y el 20% de lo que gana el afiliado <u>activo</u> promedio en los primeros doce meses. Es suficiente para que inviertan, pero no tanto como para ahuyentarlos.

Conclusión: Convierte a tus afiliados en clientes, expertos, o ambas cosas (mi forma favorita). Si no consigues suficientes personas para empezar, reduce el compromiso. Si no consigues suficientes personas que lo cumplan, auméntalo.

Paso 4: Calcula cuánto pagarles

El primer gran problema que hay que resolver con los afiliados es conseguir que compren. El segundo mayor problema con los afiliados es lograr *mantenerlos*, lo que depende de cómo los recompenses. Cuando busco formas de pagar a los afiliados, considero dos cosas básicas: por qué cobran y cuánto cobran.

1. Por qué se les paga: Pago a los afiliados por nuevos clientes y clientes recurrentes. También puedes pagarles por pasos previos a que alguien se convierta en cliente, como imanes de prospectos descargados o citas concertadas.

2. Cuánto se les paga: Sugiero pagar a los afiliados en función de tu costo máximo permitido para adquirir un cliente (CAC). Recomiendo una estructura de pagos de tres niveles:

- Nivel 1: 25% del CAC para cualquiera que acepte las condiciones iniciales
- Nivel 2: 50% del CAC una vez que se activan
- Nivel 3: 100% del CAC una vez que mantengan un nivel de rendimiento

Este método escalonado tiene un efecto secundario oculto y muy rentable: el pago promedio será mucho menor que tu CAC máximo permitido, lo que deja un beneficio "sobrante" para concursos, publicidad o incentivar a las estrellas emergentes.

Ejercicio n° 51: Calcula lo que quieres pagar a tus afiliados.

Por qué cobran: _____

Cuánto cobran en el Nivel 1: _____

Cuánto cobran en el Nivel 2: _____

Cuánto cobran en el Nivel 3: _____

Con qué frecuencia cobran (semanal, quincenal, mensual) _____

_____

Paso 5: Consigue que se anuncien - Lanzamiento

Al igual que los referenciadores, el valor que los afiliados obtienen de ti determinará la publicidad que hagan de tus productos. Así que trátalos como si fueran clientes. Dales algo bueno y rápido. Y no hay nada mejor para los afiliados que los grandes lanzamientos y mucho dinero en efectivo.

Los lanzamientos funcionan haciendo que los afiliados anuncien tu imán de prospectos u oferta principal a su audiencia antes de que puedan comprarlo. Yo utilizo el método del alerta-provocación-grito para los lanzamientos (de cualquier tipo, no sólo de afiliados):

Alerta: *Piensa en "Convocatorias".* Como en un anuncio, la clave de la fase de alerta es *la curiosidad.* Mantén el misterio sobre el producto e insinúa lo importante que es. Empieza a alertar cada cuatro o seis semanas hasta llegar a los sesenta días. Después, alerta cada dos o tres semanas hasta que pasen treinta días. Entonces, empieza a provocar...

Provocación: *Piensa en "Elementos de valor".* Es hora de empezar a satisfacer toda la curiosidad que creaste durante la fase de alerta. Revela tu producto, haz pública la fecha del lanzamiento y empieza a <u>mostrar</u> los elementos de valor. Utiliza el marco Qué-Quién-Cuándo del capítulo de anuncios pagos. Empieza a provocar una vez por semana hasta que falten catorce días. A continuación, hazlo dos veces por semana hasta que falten tres días. A los tres días, es hora de gritarlo a los cuatro vientos.

Grito: *Piensa en "Llamada a la acción".* Indica acciones específicas que el público deberá llevar a cabo cuando se lance el producto. Ahora empieza a bombardear al público con bonificaciones, escasez, urgencia y garantías en torno a ser "los primeros". Grita para exponer tu oferta a la mayor cantidad de gente posible. Grita al menos dos veces al día a partir de tres días antes. El día del lanzamiento, empieza a gritar cada pocas horas hasta que falten dos horas. Luego grita cada treinta minutos hasta el lanzamiento del producto.

Conclusión: Consigue que tus afiliados realicen el lanzamiento. Prepáralos con todo lo que necesitan para hacer bien las fases de alerta-provocación-grito. Ellos hacen la publicidad. Tú consigues los clientes potenciales comprometidos. *Todos* reciben su pago.

Paso 6: Haz que sigan anunciándose

La estrategia que utilizamos para que empiecen a anunciarse difiere de la que utilizamos para que *sigan* anunciándose. En un mundo ideal, vendes a un afiliado una vez y te envía clientes potenciales comprometidos de por vida. La estrategia de integración nos lleva hasta ahí.

Tengo tres formas en las que puedes integrar tu producto en su oferta. En primer lugar, puedes conseguir que *regalen tu imán de prospectos* con cada compra de sus productos. En segundo lugar, puedes conseguir que *vendan tu imán de prospectos por separado* a su audiencia. En tercer lugar, puedes conseguir que *vendan* directamente *tu oferta principal*. Las he ordenado de la más fácil a la más difícil:

1. Los afiliados regalan tu imán de prospectos cuando alguien compra sus productos. La idea aquí es que tu imán de prospectos haga más valiosa la oferta del afiliado, permitiéndole cobrar más por ella y conseguir más clientes potenciales de los que podría conseguir sin él. Los mejores imanes de prospectos regalan una prueba gratuita o una muestra de tu producto, revelan un problema u ofrecen un único paso de una solución de varios pasos. Por ejemplo, si vendo masajes, contrato al estudio de entrenamiento personal de al lado como afiliado. Todos los que les compran entrenamiento personal reciben un masaje gratuito mío, lo que refuerza su oferta y nos proporciona más clientes potenciales.

2. Los afiliados venden tu imán de prospectos. Básicamente, el afiliado puede vender cualquier cosa tuya que convierta a sus clientes en clientes tuyos. Puede ser un libro, un evento, un servicio, un software, un producto de muestra, etc. Dar a los afiliados todo el dinero de la venta de tu imán de prospectos será todo beneficio y nada de trabajo para ellos. Tu dinero lo obtienes vendiendo tu producto principal por más de lo que te costó entregar tu imán de prospectos. Por ejemplo, los gimnasios venderían una consulta nutricional con nosotros y se quedarían con el dinero, y nosotros venderíamos nuestros productos durante la consulta.

3. Los afiliados venden tu oferta principal. Un afiliado vende tu oferta principal directamente a sus clientes y añade otra fuente de ingresos sin trabajo adicional. Para algunos afiliados, ésta será toda su fuente de ingresos. Muchas empresas ofrecen esta estructura como una nueva oportunidad de negocio o como un complemento al negocio existente del afiliado. Al hacerlo de esta forma, el afiliado obtendrá un porcentaje mayor de tus beneficios brutos de por vida. Por ejemplo, venden todo tu paquete de masajes o todo tu programa o servicios, y se reparten el dinero.

Después de probarlas, nosotros seguimos aplicando la Estrategia 1 (dos veces al año como gran evento) y la Estrategia 3 de forma continuada. Muchas empresas similares de nuestra cartera utilizan la Estrategia 2. La integración es la estrategia a largo plazo para utilizar a los afiliados para conseguir un flujo de clientes potenciales permanente. Trata a los afiliados como clientes. Haz que tu oferta tenga sentido para su negocio y que sea tan buena que se sientan estúpidos si dicen que no.

> **Ejercicio nº 52: Integración total con tu afiliado. Elige si quieres que:**
>
> ☐ Regale tu imán de prospectos.
> ☐ Venda tu imán de prospectos.
> ☐ Venda directamente tu oferta principal.

Costos y beneficios

Al calcular la rentabilidad con otros métodos, comparamos el beneficio bruto vitalicio (BBPV) con el costo de adquisición de un cliente (CAC). Con los afiliados, gastamos dinero para conseguir afiliados, y el rendimiento proviene de los clientes que nos traen. Para calcular los beneficios, comparamos el costo de adquisición de un afiliado con el beneficio bruto de todos los clientes que nos traen.

Nuestro objetivo es una proporción de al menos 3:1, y para mejorarla, podemos reducir el CAC, aumentar el BBPV, o ambas cosas. Los afiliados son socios que promocionan tus productos en beneficio mutuo, así que trátalos como clientes y proporciónales más valor que sus costos.

Conclusión

Hay dos formas de crear un negocio de crecimiento exponencial. Puedes encontrar más gente que nunca deje de comprar tus productos o puedes encontrar más gente que nunca deje de venderlos por ti. Las referencias son lo primero. Los afiliados son la base para escalar.

Anuncia tu oferta de afiliación hasta que consigas entre diez y veinte afiliados. Obtén resultados con esos afiliados y utiliza su retroalimentación para perfeccionar tu oferta, condiciones, lanzamientos y estrategia de integración. A continuación, escala de manera exponencial convirtiendo sus resultados en tu primer lote de imanes de clientes potenciales de afiliados.

UN REGALO PARA TI: BONO. Construye tu ejército de afiliados

Como puedes ver, soy un gran fan de la creación de programas de afiliación cuando se hacen bien. Para ayudarte a "hacerlo bien" en tu primer intento, creé un video de formación en profundidad para ti. Puedes conseguirlo gratis en Acquisition.com/training/leads. Y como siempre, también puedes escanear el código QR si detestas teclear.

ESCANÉAME

Parte IV Conclusión: Consigue captadores de clientes

"La última habilidad que necesitas aprender es cómo conseguir que otras personas hagan por ti todo lo que tú necesitas".

Para conseguir clientes potenciales comprometidos, utilizamos los cuatro pilares principales: captación en caliente, publicación de contenidos, captación en frío y anuncios de pago. Y los utilizamos para conseguir dos tipos de clientes potenciales comprometidos: los que se convierten en clientes o los que convertimos en captadores de clientes potenciales. Los captadores de clientes potenciales son de cuatro tipos: Referentes, Empleados, Agencias y Afiliados. Cada uno tiene sus puntos fuertes:

- Las referencias de clientes tienen el mayor potencial de crecimiento exponencial a bajo costo.

- Los empleados tienen tu influencia directa y dirigen tu negocio en tu nombre.

- Las agencias enseñan habilidades que conservas para siempre y que puedes transferir a tu equipo.

- Los afiliados, una vez que los pones en marcha, pueden funcionar enteramente por su cuenta.

Puedes hacer tú la publicidad o pueden hacerla otras personas. Y, lógicamente, "otras personas" son muchas más que tú. *Consigues más clientes potenciales por el trabajo que haces cuando cuentas con ayuda.* Así que si quieres conseguir toneladas de clientes potenciales, este es el camino.

Hemos cubierto mucho aquí. Esta sección trató sobre cómo escalar: consiguiendo que otras personas te ayuden. Estas personas son el eslabón perdido. Cada cual tiene su propia estrategia y sus mejores prácticas. Utiliza lo que mejor se aplique a ti en cada momento.

Esto nos lleva a la Parte V: El comienzo. Quiero poner todo junto para ti con un bonito lazo para que sepas *exactamente qué hacer a continuación.* Juntos, eliminaremos para siempre ese cuello de botella de tu negocio que significan los clientes potenciales. ¡A trabajar!

PARTE V: EL COMIENZO

"No es el final. Ni siquiera es el principio del fin. Pero es, quizás, el final del principio".
— Winston Churchill

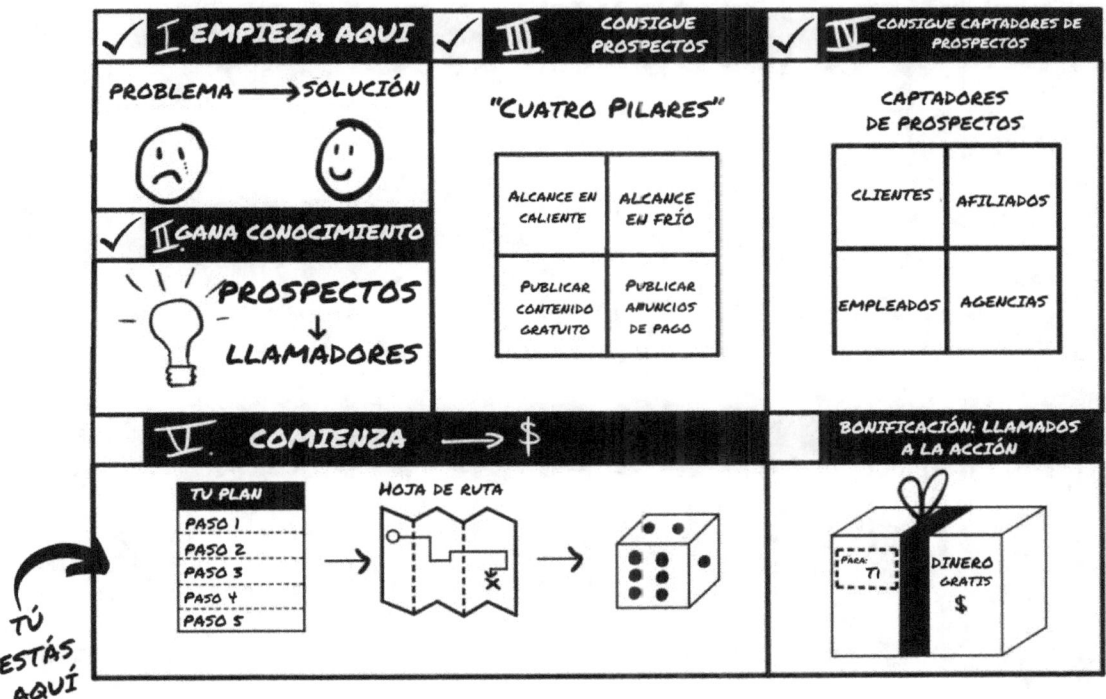

Esquema de la sección "El comienzo"

Esta sección final tiene tres capítulos. Serán breves y dulces, como nuestro tiempo juntos.

En el primer capítulo, "La publicidad en la vida real", expondré mi gran regla publicitaria. Luego, te proporcionaré mi plan publicitario personal de una página que puedes utilizar para conseguir más clientes potenciales comprometidos, *hoy mismo*.

En el siguiente capítulo, "Reuniendo las piezas", expondré la hoja de ruta para escalar desde tus primeros clientes potenciales hasta tu máquina de *prospectos de $100M*.

Por último, "Una década en una página": recopilaré todo lo que hemos aprendido en viñetas para mostrarte lo lejos que hemos llegado en el tiempo que llevamos juntos. Luego, para que sigas tu propio camino, compartiré una parábola que me ha ayudado a superar incluso los momentos más difíciles.

Publicidad en la vida real: Abrirse al objetivo

Si un poco es bueno, más es mejor.

Regla de los 100 potenciada - Abierto al objetivo

Una exitosa cadena de gimnasios permitía a sus directores de ventas establecer sus propios horarios con el requisito de inscribir a cinco nuevos socios al día, sin importar el tiempo que les llevara. He descubierto que este enfoque "abierto al objetivo" es común entre los empresarios y vendedores de élite. Se centra en los resultados más que en el esfuerzo. Es similar a la regla de los 100, pero más avanzada. Trabajas hasta que consigues resultados concretos, desbloqueando nuevos niveles de esfuerzo. Para llevar tu publicidad al siguiente nivel, trabaja hasta que el trabajo esté hecho y céntrate en lo que se requiere, no sólo en dar lo mejor de ti. A veces, tu mejor esfuerzo simplemente debe mejorar.

Cómo hago que "Abierto al objetivo" funcione para mí

Si tuviera que elegir los tres hábitos que más me han servido en mi vida, serían:

1) <u>Levantarme temprano (4-5 a.m.)</u>. Consejo profesional, esto en realidad significa *acostarse temprano*...

2) <u>Ponerme a trabajar de inmediato</u>. Sin rituales. Sin rutinas. Tomo café y me pongo a trabajar.

3) <u>Nada de reuniones hasta el mediodía</u>. Nada de interrupciones. Nada. Tiempo de trabajo totalmente concentrado.

No creo que haya magia en despertarse temprano, pero sí la hay en tener un largo rato de trabajo ininterrumpido justo después de un sueño ininterrumpido. Son las horas más productivas de mi día, sin que nada se interponga en mi camino. Al fijarme un objetivo diario y enfocarme primero en el trabajo, he descubierto que levantarme temprano y trabajar 8 horas seguidas es mi hábito de mayor retorno de la inversión (ROI). Si decides probarlo, espero que te sirva tanto como a mí. Si la idea de trabajar más de ocho horas al día te abruma, empieza con menos horas y ve aumentando. Algunos días es duro, pero siempre me gusta recordármelo:

"Haz más de lo que ellos hacen y tendrás más de lo que ellos tienen".

Alex Hormozi
@AlexHormozi

Siempre que llego a un punto bajo en el que pienso "¡¿para qué me molesto?!"

Simplemente intento recordarme a mí mismo "aquí es donde la mayoría de la gente se detiene, y es por eso que no lo logran".

Como mi trabajo suele consistir en "conseguir más clientes" en la mayoría de mis empresas, me centro en la publicidad. Este libro, por ejemplo, se escribió exclusivamente en ese bloque de tiempo abierto al objetivo.

Así que, si vas a seguir mi pila de hábitos de alto ROI, entonces vas a querer un plan de acción claro para ese momento. Este es el plan de publicidad más sencillo que puedo darte.

Lista de control de publicidad en una página

Paso 1: Elige el tipo de cliente potencial comprometido que quieres conseguir: Clientes, Afiliados, Empleados o Agencias.

Paso nº 2: Elige la Regla de los 100 o el Objetivo Abierto. Comprométete con tus acciones publicitarias diarias.

REGLA DE 100

100/DÍA X 100 DÍAS

	CALIENTE	FRÍO
SALIDA	ALCANCES	ALCANCES
ENTRADA	MINUTOS DE CONTENIDOS	DÓLARES DE AVISOS PAGOS

BONIFICACIÓN: HAZ 100/DÍA DE MÁS DE UNO DE LOS CUATRO PRINCIPALES

Paso 3: Completa la lista de control de publicidad para esa acción diaria

Lista de comprobación de publicidad	
Quién:	Tú mismo
Qué:	Tu oferta o Imán de prospectos
Dónde:	Plataformas
A quién:	Audiencia / Listados
Cuándo:	Primeras 8 horas
Por qué:	Obtener prospectos comprometidos o reclutadores
Cómo:	Alcances calientes/fríos, contenido, avisos
Cuánto:	100 o hasta que alcances tu objetivo
Cuántas:	Número de seguimientos/veces de reenvíos
Hasta cuándo:	100 días o hasta que alcances tu objetivo

Paso 4: Realiza esta acción diariamente hasta que tengas suficiente dinero para permitirte pagar a otra persona para que lo haga.

Paso 5: Cuando lo hagas, vuelve al paso 1. Haz que los empleados sean tu nuevo tipo de cliente objetivo. Y repite los pasos 1-4 hasta que tengas la ayuda que necesitas. Entonces, vuelve a escalar.

Conclusión

Estamos casi en el final. Pero no tienes más prospectos. ¿Qué ocurre? La respuesta: La lectura no hace que la gente se interese por lo que vendes... *la publicidad lo hace.* Si no le estás hablando a nadie sobre lo que vendes, no conseguirás que nadie se interese por lo que vendes. Y punto.

En este capítulo expuse el plan para hacer publicidad de la forma más sencilla que pude:

- Trabaja "abierto al objetivo".

- Estructura tu día para poder estar "abierto al objetivo".

- Crea *y* comprométete con ese objetivo con la lista de control de publicidad de una página.

Aprovecha el poder de exponer tus pasos de acción en una *sola página*. Deja poco espacio para excusas, distracciones y delirios. O haces el trabajo o no lo haces. Puedes rellenar tu lista de control de publicidad de una página en unos cinco minutos. Y una vez que la verdad desnuda te mire de frente, lo único que te queda es *hacerlo*.

UN REGALO PARA TI: Lista de control de publicidad descargable

Puedes ver una capacitación adicional y descargarte esta lista de comprobación para rellenarla tú mismo en Acquisition.com/training/leads. Como siempre, también puedes escanear el código QR que figura a continuación si detestas teclear.

ESCANÉAME

Hoja de ruta - Reuniendo las piezas

De cero a $100.000.000

"Un líder debe apuntar alto, ver a lo grande, juzgar con sabiduría,
diferenciándose así de la gente corriente que debate en estrechos confines".
— Charles de Gaulle, presidente francés durante la Segunda Guerra Mundial

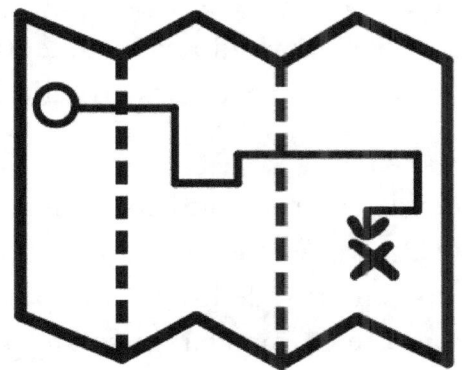

Para llegar a donde quieres, vale la pena saber lo que te espera. Así que en este capítulo describo las fases por las que pasarás a medida que escales tu publicidad. En Acquisition.com utilizamos esta hoja de ruta para escalar las empresas de nuestra cartera desde unos pocos millones al año, hasta más de $100.000.000. Estos niveles te ayudarán a identificar dónde te encuentras en el tótem de la publicidad para que sepas qué hacer para pasar al siguiente nivel.

Nivel 1: *Tus amigos conocen lo que vendes.* Para empezar a conseguir clientes potenciales comprometidos, haz una oferta a un avatar, en una plataforma. En el momento en que consigas clientes potenciales comprometidos, podrás empezar a ganar dinero. Para mí, esto empezó contactando a *todos* mis conocidos.

Acción Principal: Contacto en caliente.

Nivel 2: *Haces saber sistemáticamente a todos tus conocidos lo que vendes.* Conoces las entradas exactas para conseguir un cliente potencial comprometido con el método publicitario que has elegido. Y, escalando esas entradas, consigues clientes constantes con ello. Pero los clientes constantes provienen de maximizar tu capacidad de trabajo personal. En mi caso, además de los contactos en caliente, maximicé mi capacidad de trabajo personal con anuncios pagos, utilizando un caso práctico como imán de prospectos. Pero mirando atrás, me hubiera gustado empezar publicando contenido gratuito. Así que te lo sugiero.

Acciones principales: Haz toda la divulgación que puedas y publica todo el contenido que puedas *consistentemente*.

Nivel 3: *Contratas empleados para que te ayuden a hacer más publicidad.* Has maximizado tus insumos personales de publicidad, pero no los de la plataforma. Y si quieres más clientes potenciales comprometidos, eso sólo puede significar una cosa: debes hacer más. En mi caso, contraté a un videógrafo y a un responsable de compras de medios para que me quitaran de encima la mayor parte del trabajo de la publicidad paga.

Acción principal: Contratas a personas para que hagan publicidad rentable en tu nombre.

Nivel 4: *Tu producto es lo suficientemente bueno como para obtener referencias constantes.* Sigues generando buena voluntad y aspiras a conseguir que el 25% o más de tus clientes procedan de referencias. Ahora, te has preparado para aumentar nuevamente tu publicidad. Pero para que eso funcione, tienes que tomarte más en serio la contratación de un equipo que lo haga posible.

Aquí es cuando me di cuenta de que mis anuncios estaban desactivados pero aún seguía recibiendo referidos cada semana. Así que redoblé la apuesta por las recomendaciones. Creé buena voluntad utilizando los comentarios de los clientes para actualizar mi producto cada dos semanas. Al mismo tiempo, puse en marcha un sólido programa de recomendaciones con grandes incentivos.

Acciones principales: Céntrate en tu producto hasta que consigas referencias consistentes y luego vuelve a escalar tu publicidad con un equipo más grande. Aquí es donde la mayoría de la gente se equivoca. Dejan que su producto pierda fuerza y nunca se recuperan.

Nivel 5: *Te anuncias en más lugares, de más formas y con más gente.* Primero, te expandes a nuevas audiencias en tu mejor plataforma. Luego, creas anuncios con todas las posibilidades y tipos de medios que admita la plataforma. Y, después de que tu equipo pueda obtener resultados consistentes, vuelves a ampliar tu equipo para añadir: *otra plataforma, un captador de prospectos o una actividad dentro de los cuatro pilares básicos.*

En mi caso, maté dos pájaros de un tiro. Amplié mis anuncios de pago para incluir a posibles afiliados. Y esto allanó el camino para mis programas de afiliación.

Acción principal: Hacer publicidad rentable utilizando al menos dos métodos en múltiples plataformas.

Nivel 6: *Contratas a los mejores.* Tus ejecutivos desarrollan departamentos específicos para un método o plataforma publicitaria sin necesitar de ti. Y no buscas potencial. Buscas líderes experimentados especializados exactamente en lo que tú quieres. Aquí llegamos al tope.

Tardé tres años en darme cuenta de dos cosas. Una, es que necesitaba ejecutivos veteranos con una experiencia adecuada a mis problemas. Y la segunda, es que necesitaban incentivos más fuertes. Pero cuando me di cuenta de esto, ya había vendido esas empresas. Una vez que puse en marcha Acquisition.com, me di cuenta del poder de ampliar el pastel para conseguir que más personas de las adecuadas invirtieran en el éxito. Así es como superamos los 100 millones de dólares y luego los 200 millones en ingresos de cartera y más allá.

Acción principal: Consigue que ejecutivos y jefes de departamento curtidos en mil batallas se hagan cargo de nuevas actividades y canales publicitarios.

Nivel 7: Volveré y editaré este capítulo cuando haya superado el billón de dólares. Te prometo que compartiré las lecciones en cuanto las tenga. Tienes mi palabra.

Puntos finales: Sé que esto parece ser algo ordenado y limpio. Pero nunca lo es. Los negocios reales son *caóticos*. Se necesita *mucho* para descubrir qué audiencias, imanes de prospectos, métodos y plataformas funcionan mejor. Y sólo puedes descubrir lo que funciona si lo intentas. Así que tienes que probar muchas cosas diferentes, de muchas formas diferentes, durante el tiempo suficiente para saberlo con seguridad.

Nadie puede saber nunca qué es lo mejor que se puede hacer. Pero lo que sí sé es lo siguiente: cuanta más publicidad hagas, más gente conocerá lo que vendes. Cuanta más gente conozca lo que vendes, más gente lo comprará. Esta es la clave de la Máquina *de prospectos de $100M*.

La máquina de prospectos de $100M

Echemos un vistazo a tu futuro. Tu empresa tiene unos ingresos anuales de más de 100 millones de dólares. Es estupendo tener una imagen clara de cómo es la máquina de los 100 millones de dólares. Echemos un vistazo, ¿de acuerdo? En primer lugar, tu publicidad funciona a toda máquina...

- Tu equipo de medios de comunicación publica toneladas de contenido gratuito, en todos los tipos de medios, en diversas plataformas.

- Realizas regularmente ofertas a tu audiencia caliente para conseguir más clientes o afiliados.

- Tu voraz audiencia hace que *cualquier cosa* que lances *sea inmediatamente* rentable.

- Tienes equipos que ejecutan y escalan anuncios de pago rentables en múltiples plataformas.

- Tu equipo de captación en frío te consigue más clientes.

- Tienes un gestor de afiliados que lanza e integra a todos los nuevos afiliados.

- Tienes reclutadores *y* agencias de reclutamiento trayendo más captadores de clientes potenciales.

- Tu producto es tan bueno que un tercio de tus clientes te traen más clientes.

- Tu equipo ejecutivo impulsa todo este crecimiento sin que tú tengas que hacer nada.

- Y... *tienes más clientes potenciales comprometidos de los que puedes manejar.*

Esto lleva entre cinco y diez años. Construir algo grande, incluso si sabes exactamente qué hacer, lleva tiempo. A mi mujer y a mí nos llevó *más de diez años de nuestro mejor esfuerzo,* cruzar los primeros 100 millones de dólares de patrimonio neto. Así que cuanto mayores sean tus objetivos, más amplios deben ser tus horizontes temporales. Quieres jugar a juegos en los que si esperas, ganas.

Alex Hormozi ✓
@AlexHormozi

El emprendedurismo no es para los débiles de corazón.

La carga es pesada y el camino largo.

UN REGALO PARA TI: BONO TUTORIAL - Escalar de $0 a más de $100 millones de dólares

A veces es útil escuchar un relato de cómo se desarrolla cada etapa. Si sabes lo que viene a continuación, puedes empezar a prepararte para ello hoy mismo. He grabado un tutorial gratuito en el que te ayudo a identificar en qué punto te encuentras y lo que viene a continuación para que puedas triunfar. Puedes conseguir el tutorial gratis en, lo has adivinado, Acquisition.com/training/leads. Como siempre, también puedes escanear el código QR si detestas teclear.

ESCANÉAME

Una década en una página

"La sencillez es la máxima sofisticación" – Leonardo Da Vinci

Hemos aprendido mucho. Y creo que concentrar lo que hemos aprendido en un solo lugar ayuda a asimilarlo. Así que he hecho esta lista de lo que hemos tratado y por qué.

1) Cómo definir un prospecto a partir de este momento. Ahora ya sabes lo que debes buscar: clientes potenciales comprometidos, no sólo clientes potenciales.

2) Cómo convertir prospectos en prospectos comprometidos con una oferta o imán de prospectos. Y cómo crearlos.

3) Los *cuatro pilares básicos*: las únicas cuatro formas en las que podemos hacer que la gente conozca lo que vendemos.

   a) Cómo llegar a la gente que nos conoce: preguntarles si conocen a alguien.

   b) Cómo publicar: enganchar, retener, recompensar. Dar hasta que pidan.

   c) Cómo llegar a desconocidos: listas, personalización, gran valor rápido, volumen.

   d) Cómo publicar anuncios pagos dirigidos a desconocidos: segmentación, convocatoria, Qué-Quién-Cuándo, llamadas a la acción, adquisición financiada por el cliente.

4) Maximizar los cuatro pilares: Más - Mejor - Nuevo

   a) ¿Qué nos impide hacer lo que hacemos actualmente con un volumen diez veces mayor? Y resolverlo.

   b) Encontrar la limitación en nuestra publicidad. Luego, probar hasta superar la limitación. A continuación, hacer más hasta que se vuelva a limitar.

5) Los cuatro captadores de clientes potenciales: *Clientes, empleados, agencias y afiliados.*

   a) Cómo conseguir que los clientes recomienden a otros clientes

   b) Cómo conseguir que tus empleados escalen tu publicidad sin ti

   c) Cómo conseguir que una agencia te enseñe nuevas técnicas

   d) Cómo conseguir que los afiliados se lancen e integren

6) La publicidad en el mundo real: La regla de los 100 y Abierto al objetivo

    a) El plan publicitario de una página en cinco pasos para conseguir más clientes potenciales *hoy mismo.*

7) Los siete niveles de anunciantes y la máquina de Prospectos de $100M de dólares en acción.

Como prometí al principio, el resultado de estos puntos será la captación de más prospectos, mejores, más baratos y fiables. Espero que este libro te sea útil. Espero que, como resultado de su lectura, sepas cómo conseguir más prospectos de los que consigues actualmente. Y espero haber desenmascarado el misterio que se oculta tras la captación de prospectos.

Además, como eres de los pocos que realmente terminan lo que empiezan, quiero dejarte un regalo de despedida: una fábula que me ha ayudado a superar mis momentos más difíciles.

El dado de múltiples caras

Imagina que juegas con un amigo a lanzar dados. Cada uno recibe un dado. Uno de los dados tiene 20 caras. El otro tiene 200. En cada dado, sólo una cara es verde. Y el resto, son rojas.

El objetivo del juego es simple: *sacar verde tantas veces como puedas.*

Las reglas del juego son las siguientes:

- *No puedes ver cuántas caras tienes. Sólo puedes ver si sacas rojo o verde.*

- *Si sacas verde, una de tus caras rojas se vuelve verde y puedes volver a lanzar.*

- *Si sacas rojo, no pasa nada y puedes volver a lanzar.*

- *El juego termina cuando dejas de lanzar. Y si dejas de lanzar, pierdes.*

¿Qué haces?

Lanzas. Si sacas rojo, levantas el dado y vuelves a lanzar. Cuando el otro saca verde, levantas el dado y vuelves a lanzar. Cuando saques verde, tomas el dado y vuelves a lanzar.

No dejas de decirte a ti mismo una cosa "Cuanto más lance, más verdes obtendré". Al principio, sacas verdes de vez en cuando. Pero a medida que más caras rojas se convierten en verdes, más veces obtendrás verdes. Con suficientes tiradas, conseguir verdes se convierte en la norma y no en la excepción.

¿Qué hace tu amigo?

Tira unas cuantas veces y siempre le sale rojo. Te ve sacar un verde y se queja de que *debes* tener el dado con menos caras. Piensa que *es la única* forma de que hayas sacado verde antes que él. Y aunque lo hiciste, también lanzaste muchas más veces. Entonces, ¿cuál es la verdad?

En cualquier caso, tira unas cuantas veces más, frustrado, y saca un verde. Pero luego se queja de lo que ha tardado. Ha pasado más tiempo observándote y quejándose que jugando. Mientras tanto, tú has conseguido tu racha de verdes. *Es mucho más fácil para ti*, se dice a sí mismo. ¡Siempre sacas *verdes! Este juego está arreglado, ¿cuál es el punto?* Y se rinde.

***

¿A quién le tocó el dado de las 20 caras? ¿A quién le tocó el dado de las 200 caras? Si entiendes el juego, verás que, una vez que tiras suficientes veces, *el dado que tocó no importa.*

- Un dado con menos caras puede salir verde antes.

- El dado con más caras puede salir verde más tarde.

- Pero, un dado con una cara verde *siempre* tiene una oportunidad de salir verde... *si lo lanzas.*

- Cada dado consigue caer en su cara verde cuando se tira el número suficiente de veces.

Todos tenemos un dado de múltiples caras. Y mirando a los demás jugadores, no tienes ni idea de si es su tirada número 100 o la número 100.000. No sabes lo "buenos" que eran los otros jugadores cuando empezaron, sólo puedes ver lo bien que lo hacen *ahora*. Pero, si entiendes el juego, también sabes *que eso no importa.*

Algunos empiezan a jugar pronto. Otros empiezan mucho más tarde. El resto, se sienta al margen y se queja de la suerte que tienen los demás jugadores. Supongo que sí, pero tienen más suerte porque juegan. Y cuando les sale rojo, qué ocurre, no se rinden, vuelven a tirar.

Aprender a hacer publicidad se parece mucho al juego del dado de múltiples caras. No sabes si funcionará hasta que lo intentas. Y cuando empieces a publicitarte, probablemente te saldrá rojo en tus primeras tiradas. Pero si lo intentas las suficientes veces, *te saldrá verde.* Y *cuando* funcione, tendrás más posibilidades de que *vuelva a* funcionar. Cuanto más lo hagas, más fácil te resultará. Empiezas a entender el juego.

No importa cuántos jugadores haya o el número de caras del dado que te toque, empiezas a ver las dos únicas garantías:

1) Cuantas más veces lances, mejor te irá.

2) Si te rindes, pierdes

Así que aquí está mi promesa final:

No puedes perder si no te rindes.

BONIFICACIÓN: LLAMADAS A LA ACCIÓN

Si es gratis, ¡es para mí!

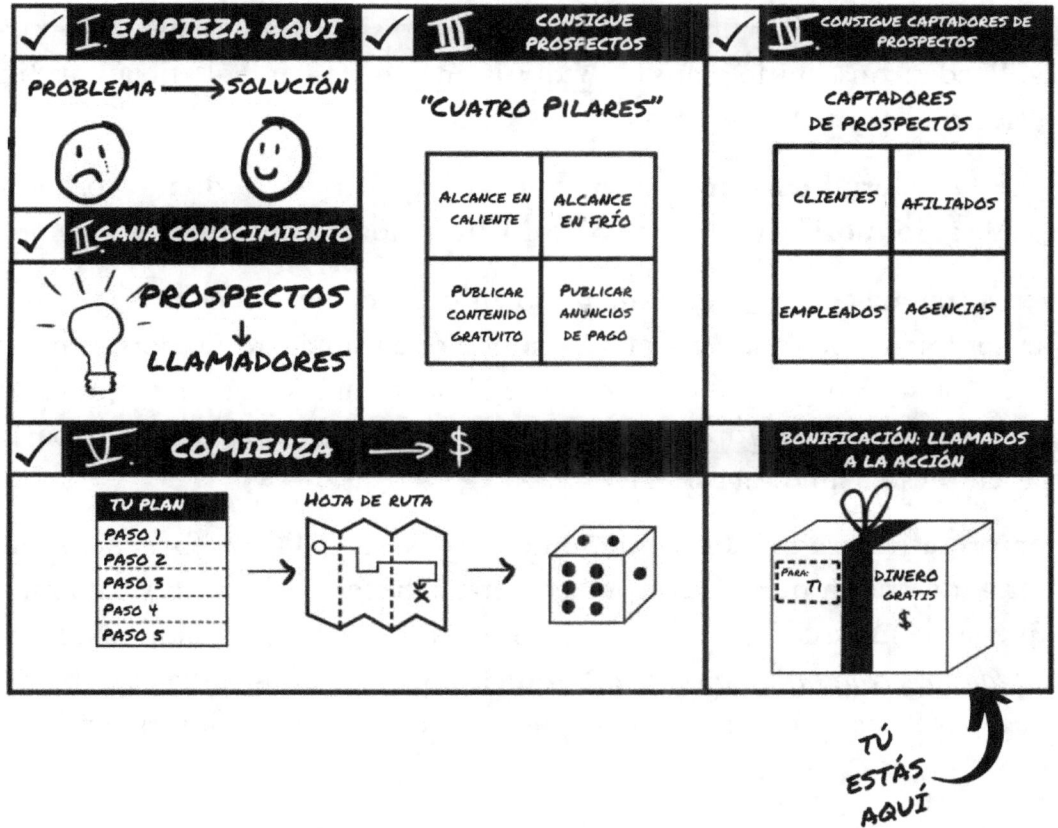

Te daré un montón de cosas gratis en un momento, así que mantente atento.

El Dr. Kashey (mi editor) y yo hemos dedicado más de 3.500 horas a este libro. Escribimos más de 650 páginas y 19 borradores con distintos marcos, temas y puntos de enfoque. Pero, en última instancia, los cambios sólo dejaron en el interior los conocimientos más destilados de "lo que hay que saber". Revisamos 127 páginas de modelos dibujados a mano para seleccionar los pocos que se incluyeron en el libro. Con todo esto quiero decir que espero que este trabajo te ayude a hacer crecer el negocio de tus sueños.

Cuando mire atrás en mi vida, estos libros estarán entre las cosas de las que me sienta más orgulloso. No podría escribir con tanto fervor si no pensara que la gente lo va a leer. Y por mucho que me esfuerce por ser el hombre que trabajaría tan duro si a nadie le importara, aún no he llegado a ese punto. Tu apoyo y tu positividad marcan la diferencia para mí. Así que gracias de todo corazón por permitirme hacer el trabajo que considero significativo. Les estaré eternamente agradecido.

Si eres nuevo en #mozination, bienvenido. Creemos en las grandes ambiciones y en combinarlas con generosidad y paciencia. Y yo tengo un objetivo personal en ese espíritu de entrega: *morir sin que me quede nada por dar.*

Así que si todavía estás conmigo, gracias. Quiero ofrecerte algunas cosas más.

1) **Si te cuesta saber a quién vender**, he publicado un capítulo llamado "Tu primer avatar" entre este libro y el anterior. Piensa en él como si fuera un "single" de un álbum de música. Puedes conseguirlo gratis en Acquisition.com/avatar. Sólo tienes que ingresar tu correo electrónico y te lo enviaremos.

2) **Si te cuesta determinar qué vender**, puedes ir a Amazon o donde compres libros y buscar "Alex Hormozi" y Ofertas de $100M. Te ayudará a encontrar el camino correcto.

3) **Si quieres trabajar en Acquisition.com** o en una de nuestras empresas de cartera, nos encanta contratar a personas en #mozination. Nos encanta hacerlo porque hemos descubierto que nuestros mejores rendimientos se obtienen al invertir en grandes personas. Ve a Acquisition.com/careers/open-jobs, y podrás ver todas las ofertas de trabajo en todas nuestras empresas y nuestra cartera.

4) **Si tu empresa genera** más de 1 millón de dólares de EBITDA (beneficios **netos)**, nos encantaría invertir en tu negocio para ayudarte a crecer. Es un placer para mí saber que las empresas de nuestra cartera han crecido mucho más y más rápido que la mía *porque han evitado los errores que yo cometí.* Si quieres que echemos un vistazo bajo el capó y veamos si podemos ayudarte, visita Acquisition.com. Enviar tu información es rápido y fácil.

5) Para obtener **las descargas gratuitas de libros y los videos de formación** que acompañan a este libro, ve a Acquisition.com/training/leads.

6) **Si te gusta escuchar podcasts y quieres oír más**, mi podcast en el momento de escribir esto está entre los 5 primeros en emprendedurismo y entre los 15 primeros en negocios en los EEUU. Puedes llegar a él buscando "Alex Hormozi" dondequiera que suelas escucharlos. O ingresando en Acquisition.com/podcast. Comparto historias útiles e interesantes, lecciones valiosas y los modelos mentales esenciales en los que confío cada día.

7) **Si te gusta ver videos**, hemos invertido muchos recursos en nuestra formación gratuita, disponible para todo el mundo. Intentamos que sea mejor que cualquier otro curso pago que haya por ahí, y dejamos que tú decidas si lo hemos conseguido. Puedes encontrar nuestros videos en YouTube o dondequiera que veas videos buscando "Alex Hormozi".

8) **Y si te gustan los formatos de video cortos**, echa un vistazo al contenido que publicamos a diario en Acquisition.com/media. Verás todos los sitios en los que publicamos y podrás elegir los que más te gusten.

Y por último, gracias de nuevo. Por favor, sé una de esas personas generosas y **comparte esto con otros empresarios dejando una reseña**. Significaría mucho para mí. Te envío vibraciones de creación de empresas desde mi escritorio. Paso mucho tiempo aquí, así que son muchas vibraciones. Que tu deseo sea mayor que tus obstáculos.

Espero conocerte pronto a ti y a tu empresa. Ad astra.

Alex Hormozi, Fundador, Acquisition.com

165

www.ingramcontent.com/pod-product-compliance
Lightning Source LLC
Chambersburg PA
CBHW080750120626
46557CB00005B/1220